脆弱的平衡：

欧洲四个世纪的权势斗争

〔德〕路德维希·德约 著

时殷弘 译

人民出版社

责任编辑：刘敬文
责任校对：吕　飞
版式设计：严淑芬

图书在版编目（CIP）数据

脆弱的平衡：欧洲四个世纪的权势斗争 ／（德）路德维希·德约著；时殷弘译 .
　—北京：人民出版社，2016.10
书名原文：The Precarious Balance:Four Centuries of European Power Struggle
ISBN 978－7－01－016852－4

I. ①脆… 　II. ①路… 　②时… 　III. ①国际关系史－研究－欧洲 　IV. ① D850.9

中国版本图书馆 CIP 数据核字（2016）第 256986 号

脆弱的平衡
CUIRUO DE PINGHENG
欧洲四个世纪的权势斗争

〔德〕路德维希·德约 著　时殷弘 译

人民出版社 出版发行
（100706　北京市东城区隆福寺街 99 号）

河北涿州市星河印刷有限公司印刷　新华书店经销

2016 年 10 月第 1 版　2016 年 10 月北京第 1 次印刷
开本：710 毫米 ×1000 毫米 1/16　印张：13.75
字数：180 千字

ISBN 978－7－01－016852－4　定价：38.00 元

邮购地址 100706　北京市东城区隆福寺街 99 号
人民东方图书销售中心　电话：(010) 65250042　65289539

目 录

CONTENTS

英译本前言

本书开篇的导言主要针对德国读者。它的即时性归因于 1945 年时的形势。我是否应当将这几页删离这本论著的英文版？

这么做时，我会不会同时也改变了本书的出发点？不仅如此，我当时对我的德国同胞们做的呼吁，即审视他们自己，依然有其重要性，而且我希望，它对说英语的读者也不无兴趣。

这要求自我剖析的吁请不是随便针对哪个民族的；它针对旧大陆上最后一个要争取霸权的民族。这自我剖析，这对落到了德意志以及先前其他民族头上的灾祸的根本原因的追寻，应当通向一种理解，理解那袭击了整个欧洲国际体系的大灾难的终极缘由。

这缘由将见于这体系内的海军强国——最终是盎格鲁—撒克逊诸国——所起的特殊作用。本论著——其导言谈论晚近的德国史——着手审视现代世界史的宽广远景，在其中盎格鲁—撒克逊民族以那么吉利的功效制衡了旧大陆各强国。

我在我的导言里提到利奥波德·冯·兰克，提到在他的著作里得到典范表述的纯粹欧洲眼界；它的影响远超出了他的祖国。另一方面，全球眼界，曾预见到世界之分为两大集团很可能取代欧洲国际体系，上个世纪中叶前后在所有国家被广泛接受。后来，它仅被德国的霸权追逐遮蔽，这再一次迫使历史进程步入欧洲体系框架。

在我的导言里，本着全球眼界，我谈到约翰·罗伯特·西利。我本可以在同样的意义上提到许多其他人的姓名，尤其是阿历克西斯·德·托克维尔。确实，早在 18 世纪末，吉本就说到一种令人胆战的可能性，即一股蛮族巨潮可能吞没欧洲，远至大西洋。然而，他用下述希望安慰自己：一万艘美国舰船将随时待命，去拯救旧大陆各民族的残余者，将他们载往"新欧洲"。

这难道不像是一则预言，预料到世界在俄美之间一分为二？我的论著的目的，就在于显示吉本似的预感和预断如何在我们自己的时代变成了现实。

路德维希·德约

1960 年 6 月于马尔堡

导　言

塔西佗的史书里有一段，在其中他谈论皇帝图密善死后的恐怖统治的结束。他说，最杰出的人们，命丧暴君之手，而那些活下来的，则在被迫缄默的半代人岁月里变得宁愿心如枯井。他断定，镇压智识生活证明比重新激活它容易。尽管如此，这一段接下来的话是"现在终于生活复苏，春回大地"（Nuncdemum redit animus）。

将有可能这么说我们德国人吗？战争大剧的帷幕已经落下。它会再度升起？什么时候？或者，我们已被授予的间歇是否会导致一种真正的和平？不管前景如何，我们有责任抓住此刻的机会，大大小小的[3]机会。我们面对的任务在于保护我们自己免于单纯谋生，仅仅关心日常的生存挣扎。我们的任务是拯救我们的精神人格，那在半代人时间里一直处于致命的危险之中。

除了回顾往昔，我们无法找到更好的途径来聚集我们零散和耗竭了的力量以求一个新开始。当今，像先前从未有过的，我们必须竖起耳朵聆听历史：与其说是我们为之缺乏必要的轻松闲暇的冥想史（historia contemplativa），不如说是实际史（historia activa），即这么一种历史：

它给我们显示那一切是怎样发生的，教导我们往昔的哪些领域当有持续下去的力量，哪些则能被允许淡然遗忘。让我们回顾往昔，以便使我们自己准备迎接未来的事情。

然而，我们要回顾哪个往昔？

当然，我们的目光被吸引到晚近的种种令人毛骨悚然的可怕景象，那以如此的暴力被树立在我们眼前。理解它们和吸取它们的教训必须是我们的目标之一。然而，这是否还必须是我们的首先要做的？冲入一场大火之后的仍在燃烧的废墟，而不是先从外面观察到一个总貌，实属愚蠢。如果我们没有准备就使自己直面一种闹哄哄的彼此指责，我们便不会澄清自己的思想或清晰地认识自己，也将不能对照罪责去权衡命运。

回顾德意志历史的各个较遥远时期，可望给我们提供一种宽广的视野。然而，无论我们在哪里寻求一个牢固的立足地，我们都发觉脚下的地基下沉，历经几个世纪始终受害于那在我们自己的时代震撼了我们的同一类大灾。我们的历史含糊不清；它确实能有多种解释——多于所有[4]其他民族的历史，而且传给了我们并变得人所熟知的那种读法已经完蛋。我们甚至没有关于我们民族往昔的一幅顺畅的图景，可与我们自己的历史学家在撰写其他民族的往昔时创作的图景相比。德意志的最伟大史家放弃了撰写一部他自己的祖国的历史这"爱国理念"，因为他认为德意志的历史只有作为总的历史文汇的产物才可被理解。然而，他确实成为总的西方世界历史、特别是西方国际关系史的头号解释者。关于它的兰克观念有其自身的独特的恢宏和深邃。

在讨论国际关系史时，我提议追随兰克的步伐。因为，只有通过在这宽广的框架内往回追溯，我们才有希望获得我们需要的那种超脱和视野，获得我们的判断在其上能够屹立不移的宽广基础，不管有什么进一步痉挛可能会来临。

　　当然，到头来，仅有一番政治回顾将无法满足我们，因为我们的精神和道德存在已与其政治和物质方面一起大成问题。我也不倾向于将国家留置在神圣的光环之中，那是在兰克的时代被罩在国家上面的。诚然，国家对于我们而言，和对于兰克而言，是一样的，仍是历史的中心因素：历史的各主要发展红线在那里交织、它的伟大冲动在那里汇聚的枢纽，因为秩序和权势而塑造我们的存在的首要影响力。这就是我们德国人历来体验国家的方式；同理，我们的经验是在大危机时节，国家的生存意志最有力地运作于对外事务领域，而不必然地或基本地在如下意义上由它们决定，那会将一种教条式的优先赋予对外政策。　　　[5]

　　国际体系是所有各国的对外政策都可进入的最大能量场，它们互相间关系的总和，伴随这些关系不息地变化、碰撞和再度调整。通过指出国际体系史的各主要因素，我将树立一个框架，精神和物质存在的其他方面可以轻而易举地被妥善置于其中。

　　采用这种方法时，我自觉是遵循德意志治史方式的一个基本传统。其他国家的命运可以显示其他方式的有效。如果我们在研究结尾时找到一个与它们会合的共同天地，那就足够了。

　　未来岁月里，我们必定会在我们对外国观点的研究方面失去了的地盘，并且用这知识去仔细审视我们自己的观点。一旦我们自己的方式使我们能够领会新的世界局势的深层原因，我们或许就会以更大的心灵开放程度去做这件事。然而，当我们置身于我们当前的困境和焦虑时，我们不应在近乎恐慌的状态中再多丢弃任何一点我们的思维习惯，多于自觉地探求真理所需的。因为，在此过程中，我们可能取得的理解会丧失它的许多确信力，一种在以本国学术语言表达时总是最强劲的确信力。

　　在晚近经验的冲击下，这样的一种丧失究竟多大程度上必不可免？我们可以从对兰克的一番研究中得到最清晰的答案，而兰克树立的榜样鼓励了我写这本书。在此，我将只提到与我的论题休戚相关的那几点。

当今，足够自相矛盾的是，与以往相比，兰克似乎既离我们更近，
[6] 又离我们更远，恰如清晨因为白昼相隔而远离黄昏，虽然在特征上比一
天的任何其他部分都更近似黄昏。兰克信心满怀地欢呼高阶政治的拂
晓，我们则在进入它的晚暮。他的全心的正面展望赋予他的历史图景彩
虹般的色泽；而且，在他热情奔放的眼里，它的峻峭的轮廓看似变得柔
和了，犹如清晨的薄雾使然。他的某些话语闪烁着玄学的深刻性，好比
现实主义的烈日将很快烤干露珠。然而，这清晨的乐观气氛与我们的晚
暮忧愁截然相反。我们无法忽视这乐观主义在兰克的思想里播下的灾难
种子：对新近被发现的国家的光荣化和拟神化，赋予它一种精神光环，
并且纵容无度地对待它的领导人。诚然，那是只有在一种彻底改变了的
氛围中才会发芽的种子。

不过，无论我们的保留可以有多大，我们多亏了兰克才有的那种透
视政治机制的新洞察，依然远超其上。不仅如此，没有什么可以阻止我
们牢牢保持这种得益，即使我们将国家生活现象与对兰克来说意义较小
的其他生活现象联系起来，即使我们在一种不同的光线下去看由此取得
的总图景，并且以别种方式对其作出判断。

我将运用于本研究的兰克的那部分洞察是他的一种认识，即从大
迁徙时代直至我们当今，西方世界形成了一种政治和文化统一。在他
之前，没有谁如此清晰并从这么多角度看到了这种统一；当然，它的本
质——在自由自在之中和谐地得到调整的要素多样性——以前从未那么
彻底地受到像拿破仑那样的挑战。兰克本人关于拿破仑求霸大举破灭的
[7] 经历，为以宏大的方式设想的历史主义提供了一个跳板；而且，正是这
个经历使兰克离我们较近，近过他与我们之前的两三代人的距离。我们
自己毕竟饱受了同样的经历，虽然有相反的终极征兆：我们的经历正在
将我们带入一个黑暗期，而他的经历预示了一个辉煌的新时代。

然而，抬升了兰克思想的那种欢欣间或吹送他越过障碍，其重要

性我们已同时学会去认识。在早先表明了一项一般的保留之后，我现在将强调两项特殊的。

首先，兰克将拿破仑垮台主要视为作为一个整体的西方各国人民中间民族起义的结果。他未能强调一个事实，即为这些起义创造了条件的是英国和俄国——欧洲两大侧翼强国，还有通过它们，诸海外领土和欧亚大陆各地区的影响。他仅在俄国介入西方事务的范围内才赋予俄国重要意义；对沙俄帝国的非西方特征的巨大潜能，他未表现出任何本能的感觉。诚然，与这东方侧翼强国相比，他不可比拟地更熟悉英国，但作为欧洲大陆腹地的一个产物，兰克对它的海洋利益介入只有一种间接理解，而且对盎格鲁—撒克逊生活方式的海外扩散全无活生生的认识。他从未停下来评估在西方旧大陆面前耸现的种种危险，那出自处于外缘的 [8] 巨大新领土。他的注意力照旧系于国际体系先前一向面对的昔日危险，那出自其成员中间个别国家的求霸努力。他信任欧洲的天赋秉性，确信欧陆在未来将继续克服这些威胁，就像它在过去那样。

恰如西方的扩张对欧洲国际体系的影响极少令他心烦，他不关心文明① 对欧洲文化的效应，而这文化是政治体系的精神关联物，在兰克看来是它的存在理由（raison d'être）。他颇不愿意将法国大革命视作一场世界危机、一个新时代的开端、一番震撼千年以前铺奠的基础的剧变。相反，他确信一个个伟大国家未来将继续兴旺，经过层层叠叠总的时代精神（Zeitgeist）保持它们的特征。像他那样生活在中欧腹地，他未能意识到新疆土的未来重要性；而且，作为一个在西方被认为是经济

---

① 　英译者注：本书内，"文化"和"文明"这两个术语的用法类同于在德文写作中被愈益频繁地运用着的。在此意义上，文明的裨益（政治的、经济的和技术的）主要是促进我们自身福利的手段，而文化价值（绝对伦理、艺术、宗教）宁可说其本身就是目的。这一区分由康德准备，受到卢梭对各时代的批判影响。尼采犀利地强调这一区分，斯宾格勒则最终使之成了他的思想的支配性主题之一，并在他的著作里将它普及化了。当然，在历史现实中，"文化"和"文明"总是以某种方式彼此关联。

和社会方面落后的地区的居民，他同样不能觉察到正在来临的种种社会、经济和技术力量的能动崛起。他偏好的主题在时间上囿于 16 和 17 世纪，在题材上囿于事件的政治和宗教方面；他的眼界范围本质上是
[9] 1848 年革命以前的那个时期的；而且，这些局限性互相关联，互相影响。尽管在事关某些专门的欧洲问题时，他的考察方式或可起到面向未来的一个指针用处，但它非常需要得到补充，以便处理复杂的全球性问题。兰克建了一个坚实的构造，但在我们的现代经验中间，有些经验与之格格不入。这里的意图不是要掀倒他的构造，而只是要延展之。

随他之后的几代人曾否试图去做这一点？在德意志第二帝国被建立起来的那个时代里，他的同胞们将这可敬的大师推到一边，不是因为他的眼界太有限，而是因为对他们的心态狭窄的民族主义激情来说，他显得全然太普世了。诚然，这态度在俾斯麦执政后期经历了某种变化。宰相在列强中间精巧的外交迂回使德国人回想起《论列强》（Die grossen Mächte）的作者，而且他们用这欧洲大史家去解释那欧洲大国务家。第一位有影响的俾斯麦传记作者在某种意义上也是新兰克学派的领袖。然而，全无尝试去在我先前指出的方向上补充兰克的观念。他的概念被运用到现今，而无任何努力去评估那些出自互相联结的扩张和文明现象的危险。在较年轻的一代人当中，统一后德国的乐观洋溢的活力被加剧到一种程度，远超出兰克那冷静的信心，它抓住他关于国际体系的理念，恰恰是因为这些理念可以被用作民族主义冀求的一个锚地。文明固有的威胁肯定被认识到，但只是在民族主义的框架内。德国人相信，它能够在一个强有力的国家里被最好地掌控，而这国家的权势将同
[10] 时靠开发利用现代经济程序得到强化。

当然，他们的确对欧洲扩张进外部世界给予了某种注意。不过，这注意仅与民族目的相关：德国人要求分享这扩张。可是，他们渴望的在世界上举足轻重的民族国家只有在一个类似的世界强国的体系中才能繁

荣兴旺。德国人因而拥抱下述观念：一个世界强国体系可以从欧洲列强体系中成长出来，它也将继承旧体系的一种能力，即能抵挡住从其成员中间勃兴的任何霸权冲动。不仅如此，他们还相信德国由于其军事和经济效率，在强有力的领导之下，将有资格进入全球性强国行列，恰如18世纪小小的普鲁士曾有资格进入欧洲列强圈。因此，德国人不去利用他们改善了的获取世界知识及其发展的途径，不去按照这知识重新审视兰克的信念，而是毫不犹豫地在全球基础上运用兰克的信念：他们在发动帝国主义冒险时，听任自己跟随源自欧洲大陆的理念。真实情况在于，当我们德国人冒险冲入世界政治时，我们的历史政论家们迷失了方向，未能表现出那使得兰克成了国王之友、有时还是内阁顾问的鉴别力。作为后来者，我们急忙忙地抓住顷刻机会，要急忙忙地取代更幸运的、在世界上超前我们的民族，就像第二帝国的建立已使我们能在欧洲做的。我们拒不自问世界事务的趋势是否可能不会逆转欧洲事态的进程，朝统一而非多样性迈进。

在第一次世界大战中，德国依然着迷于兰克式的列强观念。求霸　[11]
欲，或曰拿破仑式冲动，在那些日子里依然与我们格格不入，就像在国内政治中的革命倾向那般。（第三帝国的德意志雅各宾派是头一个令这两者在我国开花结果的。）我们将英国制海权视为拿破仑陆上统治的历史对应物，希望通过打击这制海权，为自由的世界列强中间的一种均衡铺平道路。（18世纪里，法国人用了类似的论辩，去辩护他们反对英国海上优势的斗争。）确实，我们对没有找到任何盟国真正惊异莫名。我们惊奇地看到，海军霸权产生的效应那么不同于陆上霸权招致的。在海洋领域和总的世界政治中，出自欧陆事务的我们的经验转变成了捉摸不定的镜花水月，更加诱惑冲动不已的乐观主义者们跌入妄想与现实之间的百丈深渊。

甚至1918年的大灾难也未能促成对兰克思想的彻底反思。战争罪责问题使一种不偏不倚的自我审视变得更困难，令学者们忙于案例辩护。民主派和马克思主义者的努力苦于其牵强离谱的意识形态。对俾斯麦的愈益汗牛充栋的研究导致历史学家们一头返回到欧陆政治思想时代；他们很不乐意批评这宏伟的耆老，其形象是我们的自尊在努力用作一个复原之源的。最后，一个事实，即俄国和美国——其星辰上升的两个世界强国——在初始的战后岁月里从德国的视野中消失，扭曲了它对未来的看法。它的眼界再度变窄。

[12] 就莱茵区对法国——最近的战胜国——的斗争重燃怨愤，那是由几个世纪的欧陆斗争维持了的。甚至在我们没有被传奇式的"背后捅刀"之类政治口号引入歧途的场合，对我们战时军事成就的自豪也令我们忘记一点，那就是它们规模有限，限于一个大陆。历史思维被富有才华的门外汉捡起。他们无疑明白国际体系的脆弱性；然而，囿于其欧陆视野，他们用自己的知识来绘制种种异想天开的可能性，而非告诫自己的国人。未由德国历史实现，未被德国经历的跌宕起伏击碎，德国人的勃勃活力依然造就了很高的期望。我们依然自觉年轻。就一个民族的思想习惯而言有某种殊为可怕的东西。在历史主义得到陶冶的一个时代，一种惯于自我重复的历史观点成为一股历史力量。

使我们的历史观点现代化是我们最大的当代任务之一。本研究旨在从对待历史的传统的德国方式之中提取种种结论，以此贡献于这一进程。我提议返回我们在撰写世界政治史方面的开端，返回兰克的国际体系观念。与此同时，本研究旨在将兰克设定的光线投射进我们自己的时代，照亮西方的扩张和文明。我已尝试扩展兰克的欧洲图景，使之适合一种全球框架，而不管他的 19 世纪初期理想在此过程中是否被丢失，他本人从未面对的一种诊断是否浮现。

然而，即使在兰克的时代，一种大不同于他的诊断也能被做出，而[13] 且兰克方法的合理运用或可给德国提供大量告诫。这由奠定了现代英帝国惯例之基础的约翰·罗伯特·西利显示出来。西利采纳了兰克钟爱的观念之一，即在任何国家，行动的最高原则取自它的对外政策。以此观念作为他的指南，他形成了一种对待世界政治中的当代趋势的方式，那使他能够预见未来。

我们德国人惯于将 1870 年后的二十年当作世界史上带有俾斯麦思想印章的一个时代来谈论。西利却甚至没有提到俾斯麦的名字。他的目光越过德国，甚至越过整个欧洲大陆，似乎它不过是一座中等高度的山脉，而投向俄国和美国——两个隐约耸现的巨型强国。美国是技术的产物，蒸汽和电力的产物。俄国则将到 1920 年使其人口翻倍，从八千万增至一亿六千万；一旦它的体制得到巩固，它的军备和交通臻于完美，它就会犹如梦魇压在中欧心头。法国和德国，旧欧洲的两个最大国家，都将相对而言收缩到侏儒大小，并将被降至二等地位。作为一类新规模国家的代表性范例，这两个巨型强国将完全遮蔽其他强国，就像马其顿在古代遮蔽了雅典，16 世纪的西班牙和法国远盖过佛罗伦萨城邦国家。英国将不得不决定是否跌到欧洲强国水平，或是否靠开发利用其技术，去加强分散的英帝国的内在统一，将它结合成第三个世界强国。从这么一种观点出发，难道我们还能在兰克式的意义上谈论一个国际体系吗？按照西利，两个盎格鲁—撒克逊强国由一种关系绑在一起，那比历史上任何其他两个国家之间的关系更紧密。他主张这个行星的未来将取决于 [14]这两个强国：一项在其内在蕴意上更错不了的言论，因为西利认为，仅仅未来的英帝国就将强过俄国这各民族的聚合物。他无疑预见到盎格鲁—撒克逊的世界领导，而非携其民族差异互相竞争的诸大国构成的一个体系。他甚至不考虑在一个世界规模上重演欧洲体系。毕竟，英国在两个世纪里一直是欧陆均势的令人信服的保护者，但同时也默然捍卫它自己在广大世界的主宰作用。从它的岛国位置出发，有可能以同样的视野看待欧洲问题和世界问题。

那对我们德国人来说是个何等艰难得多的任务！我们不掌握关于全球的同样全面的知识，但这个事实不是横在我们的道路上的最大障碍。宁可说，最大障碍在于下述事实：与激励英国人的那种洞察相比，我们民族的狂飙突进将相形见绌。叔本华告诉我们，生活意志强于理智。1914 年以前，这意志携其手臂——打个比方——遮盖了它不希望我们以自己的智力去审查的那个领域。这审查现在必须在光天化日下进行。

[15]

第一章

国际体系：直至腓力二世治下西班牙求霸努力的破灭

\ 国际体系的起源；查理五世 \

\ 腓力二世 \

国际体系的起源；查理五世

有可能设想一部西方世界史，那将所有事件都关联到合与分这两大原理。毕竟可以说，纵贯一千余年，钟摆一直在统一趋向与分裂趋向之间来回摆动，前者从未导致完全统一，后者则从未导致彻底崩解。在不同的时代，这两大趋向与种种不同的环境和力量相连。

让我们从遥看中世纪开始，那也会给我们提供一个引导，导向本研究的实际主题。在那个时代，统一趋向由两股潮流携带，它们都源自古代晚期：人对拯救自己灵魂的渴望和对罗马帝国政治体制的记忆。这两股潮流的鼓吹者是教廷和神圣罗马帝国。它们根柢相连，无论它们是协同行动还是彼此对立。 [19]

中世纪早期见到它们大多携手共事，打击从内部威胁其更高利益的野蛮混乱，同时与基督教西方的外部敌人即马扎尔人、诺曼人和伊斯兰教战斗。在古代，地中海一直据有世界（orbis terratum）中心位置，附有由此而延展了的陆上边疆，而意大利半岛以其地理上的统一，证明对教廷和帝国的精神协同和政治联手来说是天然的托座；中世纪的历史事态集中于欧洲大陆。

　　然而，帝国与教廷之间的这种合作随携手的原因减弱而变得愈益松弛。来自外部的威胁弛缓到一个地步，以至于防御行动可被留给地方兵力去做，而且宗教精神在年轻的各民族中间扎根得越牢固，内部危险就越是减弱。

　　显然，西方这令人愉悦的巩固对神圣罗马帝国有致命的影响，剥夺了它的存在理由（raison d'être）。它的普世禀性蒸发，直到只剩下一个虚夸的空壳为止。帝国与教会的意识形态联系和物质纽带阻绝它形成一种它自身的独立力量。流转呆滞的经济和愈益僵硬的社会生活都未提供任何刺激。甚至日耳曼人——帝国族人——中间的帝国主义意愿也未保持住它起始的活力。

[20]　　这同一个事态发展将教廷抬升到新的高度。它越来越成为统一趋向的唯一代表。它从人追求得救的渴望中抽取力量，并且随西方世界将这认作人的最崇高志愿，教会作为有地位促进这志愿的唯一实体，对政治当局具有优势，成了所有组织中间最重要的。换言之，教会本身获得了一种政治特性，以至于信教者愿意服从它的训喻，甚或为它的事业出生入死。在宗教加世俗的教廷胜了世俗加宗教的帝国之后，前者在十字军东征时代似乎正逐步将西方世界转变为一个内在整合的神权国家。教会挥舞双剑，精神之剑和世俗之剑。在教会的脱俗出世任务的履行中，国家仅作为它在世俗事务中的婢女行事：借光的月亮，本身不发任何光芒。在这内省的世界里，政治作为一个概念全无实质。真正的战争仅作为对异教徒的神圣征伐而存在。崇拜外在真理侵蚀和遮蔽了人们的尘世生活意愿。经济脉冲搏动乏力，恰如政治脉冲。无论我们看什么活动领域，我们都见到动态衰竭到接近静态。

　　然而，西方生活的潮流只会片刻地容忍冰盖，像几百年甚至几千年封住了非洲和亚洲文化的那类冰盖。那些有历史意识的人永不会停止思考一个谜，即西方世界何以有这当下正在延伸到全世界的丰饶的活力。

当他们概览从早期希腊时代直至当今的事态进程时，他们得到一点儿去理解的线索。这些事态始于希腊国际体系各小单位之间的多产的摩擦，一种在很短时期内招致了大规模发展的摩擦，而这规模是尼罗河畔和美 [21] 索不达米亚地区强有力和同质性地组织起来的政治和文化实体从未达到过的。因而，老迈的古代世界本身产生了范围愈增的各个实体，并且最终产出了所有实体中间最强大的和行将自我扩展的，那就是希腊—罗马文明。

这文明，穿插有种种东方渊源的元素，最终由教会传至西方各年轻民族，而教会令日耳曼和拉丁各族构成的大家庭臣服于一种戒律，那以禁欲主义的利刃翻耕灵魂的天地。然后，耕出的犁沟从统一在教会里的富饶传统承接各种不同的种子。这种子紧挨和混杂在一起，发芽生长，进至最多样的种种发展阶段。古代城邦，少数有教养的民众凌驾于被剥夺了自由的大量劳作人口之上，它们作为文化的载体，被分裂为许多不同阶级的各大自由民族取代。在此，确实有大量独自的摩擦和融合的可能性，未曾遭遇任何拉平过程，比如来自东方蛮族入侵，来自拜占庭肇始守态僵硬，来自伊斯兰狂热好斗！诚然，我们意识到这欧洲土地蕴含着近乎不断变动的种种要素，意识到够多的燃料在此累积起来，以便供燃一场重生和改革、扩张和革命的大火，一场不会很快被扑灭的大火。

每逢下述情况发生，这火苗便摇曳而上，闪烁不定：对唯命是从感到厌倦，生活意愿勃发于灰烬中间的灼热余烬；探索精神寻求条条新的分叉途径，重新审视它与世界的关系；意见纷纭，看法冲撞，穷尽赞同 [22] 和反对的一切类型。火苗摇曳闪烁，直到经困惑和动乱，一种愈益显明的、在对周围世界的控扼权这总方向上的运动肇始为止。

这能动的多样性有其政治公约数，即新的国际体系及其永久的斗争动向。在这体系中，就像在希腊体系中那样，大量摩擦导致所有致命的能量加剧之至；唯一的差异在于，事态发展在此采取了一种甚至更大胆的上升曲线形式。与此同时，这曲线以第二项运动——延展的和螺旋的运动——承继了古代的发展。观察者感到有如在观看一座像是历史的巨大空间中的螺旋星云。

新国际体系的兴起出自一个延亘数百年的复杂过程，即中世纪构造的销蚀过程。然而尽管如此，新构造仍是在一个颇为确定的时刻诞生的，即列强争夺意大利的斗争于 1494 年开始之际。多半以同样方式，水聚喷泉托盘，直到在一个特定时刻这托盘被注满，水溢入第二个周边托盘；接着，这过程周而复始，再来一遍。我们自己经历了一个这类的开端，它同时也是一番漫长的事态发展的总结。那发生在 1917 年，当时美国参战令全世界首次卷入一个单一的过程，将它分裂为两大阵营。

然而，在 1494 年的一个单一的过程如何将当时的列强分裂为两大阵营？什么令所有国度中间唯独意大利成了争抢的对象和战利品？

让我们先拿起第二个问题。在中世纪的早期和鼎盛时节，意大利都[23] 一直是冲突场所，而这冲突由当时在神圣罗马帝国与教廷之间的重大精神问题产生。然而，中世纪晚期，意大利半岛成了世俗文化最丰富、最先进形态上的故乡。正是在此，禁欲遁世的冰盖首先开始融解。在基督教理想被摔得粉碎的一种政治瓦解氛围中，异教理想从古代文化土壤中挺拔而出，再度崭露头角。得益于意大利的地理位置、它对东西方关系的垄断以及一个古代文明的继续着的裨益，经济发展向前迈进，由此被释放了的生活意愿在政治——早先遭禁的一种艺术——勃兴至最高优势上面找到了必不可免的表达。由于帝国腐朽和教廷力衰之际没有任何压倒性的法律体系，在政治单位中间兴起了一种无法无天和不见怜悯的竞斗，导致恺撒式僭主的浮现。这可怕的选择过程生成了五个主要城邦，它们做不到互相摧毁，不得不使自己屈从一种均衡状态中的互相共存。因此，自希腊（或无论如何希腊化）体系倾覆以来的第一个国际体系问世，这开欧洲体系的先河，其第一项行动将旨在摧毁其前驱。这新体系本身处于不断的危险，即变得缠身于世界的争斗之中，它只是一个更大整体的一部分，但在地理和文化上足够自容自闭，以致在一个小规模上检测了一个国际体系能够造就的活力成长。确实，当我们心怀感激回顾文艺复兴文化的繁盛时，我们还须回想起相对短命的意大利国际体系，舍此那个繁盛的世界将无法想象。 [24]

在意大利城邦中间，威尼斯有一种在体系内的突出的个性。有如意大利作为一个整体，是欧洲体系的前驱，威尼斯以其海岛地位，开英国的先河。

这个优势城邦的经久和辉煌首先基于它的岛屿位置，那遏阻了即便从近陆一侧征服该城的种种企图，并且使得建立一个有深远的地方意义的、安全牢靠的共同体成为可能。然而，从世界历史的观点看，威尼斯的好运在于其海岛特征与一个追加的机会配对。这潟湖之城不仅是意大利主陆边缘——且较穷一边——的一个海岛，它还是坐落在两个文化区域之间的一个海岛，而且一度处于三个文化区域的接合点上。恰如英国后来成了海外世界与欧洲的中介，威尼斯是东方和西方的中介。当然，它在第勒尼安海岸上的竞斗对手们也是如此。然而，这些对手一个接一个地湮没无闻了，因为它们不同于威尼斯，没有海岛特征，苦于陆上易受伤害性，像葡萄牙和荷兰后来那样。而且，威尼斯在亚得里亚海的峻峭岩岛世界里的诸竞斗对手虽然在当地固若金汤，但缺乏富饶的内地，例如挪威人后来那样。

因而，威尼斯能建立起一个帝国，相比于母城的幅员规模巨大，而且能跨海推进意大利的扩张。威尼斯的海洋帝国像未来的英帝国，由广为散布的各领地构成，从狭窄有限的基地到三个王国的殖民领土，它们的旗帜冉冉升起在圣马可广场长方形教堂前方的莱奥帕尔迪青铜柱上。的确，第四次十字军东征期间，似乎有了某种想法，要将政府中心移至 [25]

海外的君士坦丁堡，即搞一场不仅意味着扩张也意味着权势迁徙的大挪动。

在海外远征方面，异于后来的不列颠之狮，威尼斯之狮奋起拼斗一个优越的世界强国。从 14 世纪起，土耳其人阻止这海岛帝国伸展进世界的广袤东方，而在 16 世纪广袤西方的开放中，除了效劳外国人，意大利人不能发挥任何作用。

尽管如此，在地中海和北至英吉利海峡，威尼斯海洋国仍拥有一个世界范围地位，那仅就持久性而论远超过雅典和迦太基。威尼斯的这些古代先驱除了缺乏安全牢靠的海岛位置外，未曾像威尼斯一样享有在两个被隔开的文化区域之间的大中介角色。

更有甚者，威尼斯的强劲地位还使它能在意大利国际体系中起一种杰出的作用。15 世纪里，它在主陆扩展，以补偿它在黎凡特的损失，并且获取一条牢靠的防御环带。然而，即使作为一个陆上强国，它也保持了一种与众不同的风格。它的青年精粹服役于它挚爱的海军，而在陆上兵力方面，它的统治者们使用总是可疑的雇佣军去权宜凑合。我们禁不住要赞誉这海洋城邦的方略，成功不断而风险甚微，精巧地行使一种"分而治之"政策，表现了以松弛的控扼去治理的才能，那是主陆城邦国家完全不懂的。然而，我们必须记住一个事实：这个海岛国家从未陷入大陆生存斗争的悠久激情。它的政权保有冷静的传统智慧，其作用犹如敷在它的臣属城邦伤口上的一帖镇痛香膏。这些城邦——例如维罗纳——经过了可怕的痛苦时期。每逢贵族中间的争斗不在吞噬它们的生机时，它们的僭主就用最可耻的办法抵抗更强邻邦的压力，那显示了一个过度成熟和朽败着的微缩版的国际体系。在 16 世纪初皇帝夺取了其中的某些城邦之后，这些域邦一旦摆脱了他，就乐不可支地回到威尼斯这海洋国的容纳性体制之内。在特雷维索，甚至发生了一场反对外国征服者的民众起义；那些日子里，威尼斯间或弹起一种民族主义声调，将

[26]

整个半岛的爱国者们的希望集中在它自己身上。任何情况下，观察海洋原理之星面对所有障碍时能腾升得多高，始终极有教益，即使是在意大利体系的框架内。

威尼斯权势的外部发展与它内部特征的个性相匹配。在其政体、社会、经济、艺术、智识生活方面，在其人类活动的整个系列和每一姿态上，威尼斯的秉性都与大陆的心态截然相反。它傲慢，贵族气，受传统制约，情调平和，没有阻碍性的社会紧张。威尼斯免于革命和贵族个人的主宰，而由贤哲长老指引，这些人俗常无奇，遵奉规仪，就像从一个模子里铸出来的。最终，这秉性在主陆城邦国家的标准原型佛罗伦萨早就耗竭了的时代，结出了意大利文化最后和最甜的果实，当时佛罗伦萨在革命性大乱和令人目眩的一连串独特的个人主宰中将自身搞得筋疲力尽，沦入在外国统治下的苟延残喘。　　　　　　　　　　　　　　[27]

什么引诱外国人到意大利？这不再是取得罗马——西方精神中心——保护者角色的野心。相反，引诱他们的是控制世俗文艺复兴生活的财富和魅力的渴望。这渴望散布到四面八方，虽然已靠意大利体系发展起来，却不能主控其防卫。文化强盛与政治羸弱，光芒与阴影，悲剧性地彼此挨近，结为一体。为了克服它们面对外部世界的羸弱，这些自由城邦本须屈从于它们中间一邦的霸权；确实，不乏争取这么一种统一的计划，但像古希腊的情况那样，仅在它为时过晚时才有。然而，假如统一成真，意大利文化发展的主要源泉就会崩解。

在欧洲，唯一能在财富和魅力方面与意大利媲美的国度是佛兰德，那事实上将是欧洲体系之内随后几场大战的战利品。然而，在其中第一场大战中，没有任何比不受保护的意大利这文化花园更诱人的奖赏。

什么使欧洲的四大强权——法国、西班牙、英格兰和哈布斯堡王朝——在第一场有它们全体卷入的武装冲突中就此花园互相争斗？它们每一个都适才达到国内巩固和对外安全的一个新阶段，因而能够腾出手来从事一场新的和更大的博弈。

随百年战争告终和英国人被逐离大陆，法国成功地结束了一场与这海岛民族的数世纪之久的斗争。现在它的对外政策能以一种更大的剩余精力进至其他地区，因为漫长的战争将这君主国的力量集中起来并现代化了。王室达到了一个顶峰。封建主义已被逼退，诸社会等级无足轻重，平民百姓乐意新状况维持下去。一支由雇佣兵组成的常备军已被建立起来；财政体系发育良好，饶有产出。法国因而成了专制主义欧陆民族权势国家在当时的标准原型；它富庶，且拓圆了国土，拥有1600万居民。只不过它的海军还照旧饶有特征地在两大海洋里落伍。出演大剧的首项行动来自法国，而这大剧名曰欧洲国际体系史。

英格兰如何？它被打败，但因为失败而有了一种新的、被扎实勾勒出来的国家人格。自征服者威廉时代往后，它一直是个被狭窄的海域界定的国家，有如丹麦或两西西里王国。眼下在它的政治中发生的转变具有最充分的历史意义：它发现了众神赐予的礼物，名曰海岛性。这海岛性尚不完全。然而，苏格兰王国不是对英格兰后方的严重威胁，而在它侧面的爱尔兰甚至更不那么危险。诚然，在使这海岛位置能展示出一百年后的那般宏伟前景的种种特性当中，有许多尚属乌有。威尼斯的伟大出自其海岛位置与其在东西方之间的中介作用相结合；而在那个时代，这样的中介作用未见于英国。它的远程商业远落后于荷兰，它的出口贸易不发达，它的海军和商船队相应地不重要。然而，放弃它的旧日欧陆政策使英国能够陶冶自己的经济生活，特别是毛织业和航运业，同时没有大量军备支出；使它能够像在法国做了的那样，了断它那争闹不休的封建贵族；还使它能够——也像在法国那样——不太在乎议会而建立一个颇得民心的君主政权，作为城乡新社会的引导者。即使在那个时代，军事因素在英国的降级也标志着一种不同的发展法则，不同于在它

[28]

[29]

的旧日欧陆对手那里运行的法则。

然而，这新政策的进攻性力量可以有多大，像一个四百万人民的民族行使的？还有，这政策能对英吉利海峡以外的历史主流有多大影响？是否在此也累积着一种剩余力量？

西班牙显示了此类发展的另一种变形。这里，也有一个得民心的专制君主政权兴起，大贵族则被制服。然而，这些现代秉性与老旧因素相结合。怀着侠士气从事了数百年的宗教斗争给民族精神盖上了烙印，可是虽然内向的中世纪形成了十字军东征和骑士团表现的驱动力，它的衍生物现在却与一个民族权势国家的能量结合起来，这国家与教会紧密结盟，构成一个爆炸性的混合物。在其后开始的宗教战争时代——但仅在这个时代，作为各民族国家中间的后来者的西班牙，注定是个欧陆强国。诚然，工商业，事实上整个现代劳作伦理，在此无法兴旺；这才有犹太人和摩里斯科人的作用。向上抬升了这个民族的同一些特征，也限制了它的发展潜能。它有火箭般的腾升，最重要的是因为卡斯提尔和阿 [30] 拉贡两王国合为一个结合体，那里虽然只有法国一半人口密度，却雄拥700万民众。在此，确实形成了一个新的国家人格，意在填满伊比利亚半岛构成的地理空间。驱逐摩尔人——有如将英国人逐出法国是几个世纪斗争的终局——实乃达到这一目标途中的最重要阶段。自此往后，只有葡萄牙独身自处。

然而，与集权化趋势并行，扩张至半岛以外的倾向业已昭然可见。从世界史观点看，在这些扩张主义事业中间，最重要的扩张导向西方大洋外围的遥远和未知的土地；它给这个冒险和好战的民族拓开了新通道，与此同时没有扰动它的大陆秉性，没有使西班牙发展成一个海军和商业强国。这偶然成功与所耗精力全不成比例。直到几个世纪过去后，它的重要性才变得显著昭彰，在我的论著的这个阶段无须予以讨论。

相反，阿拉贡几个世纪里一直在系统地往外进入第勒尼安海，以追求对它有吸引力的邻近的战利品，而且已经征服富饶的谷物产地西西里和撒丁岛；甚至那不勒斯王国也须忠于阿拉贡家族的一个私生旁支。因而在此，在半岛南部，对意大利自由的威胁成了可察觉的，而且并非首次。西班牙的力量，有如法国的，在挡住欧陆外缘的危险之后，准备好在中央采取行动。

[31]　如果我们现在合起来再度审视三个西方强国的进步，我们就认识到权势发展已依它们的方向转移，继续中世纪鼎盛时节随两大中心权势——神圣罗马帝国和教廷——衰落而开启了的一个趋势。海外地理发现将给这发展提供新刺激。

至此，我的考察还未触及德意志大地。能否期望制衡力量在那里兴起？尽管在各大民族中间首先崭露头角，德意志却早已沦入一种令其瘫痪的混乱。然而在此，也有新能量翻搅骚动，若有一种幸运的合成反应，本可能产生一个重新振兴和轮廓分明的国家人格。自马扎尔人被击退后，全无外部敌人逼迫德意志人共同努力。尽管如此，土耳其人现在本可能起一种可赞的刺激集合作用，恰如在西班牙的摩尔人和在法国的英国人。大陆国家从一个大陆对手抽取力量。不仅如此，脱身于它的衰颓深渊，在马克西米连治下经其世袭领地与勃艮第合并，兴起了皇帝职位的新前景。这是不是一个哈布斯堡民族帝国的先驱，将守护东疆和西疆？它是否意味着该王朝的政策是与民族利益结合？是否意味着一个地理上变动不定的地区将取得政治固态，领土分崩将被中止，而普世皇帝这朦胧混沌的传统将变得锚定在一个德意志君主国中？是否这将及时阻止正在到来的宗教改革飓风损害一个新近巩固了的德意志帝国？哈布斯堡可能走一条产生那个时代的德意志民族帝国的道路：这在我们看来远不如普鲁士走到第二帝国的道路那么自相矛盾。

[32]　即便如此，性质颇为不同和矛盾得多的种种可能性不久将成为现实，在西班牙继承问题给哈布斯堡家族打开了新前景的时候。然而一时

间，在犹豫不决的马克西米连治下，一切都依然处在游移不定状态。这位饶有耐性的君主有其古怪的对外政策，这并非出自真正的实力。德意志帝国是欧洲棋盘上的一个棋子，它的作用难以安排适当。四散分布的哈布斯堡属地，伴有其五花八门的政治和社会构造，绝非从中可以形成一个做好行动准备的威权的材料——尽管有它们总合起来的 900 万人口、尼德兰的独特的财富、奥地利的繁荣和部分地训练良好的官僚机器存在。哈布斯堡属地在对外政策领域的易受伤害性，连同它们互相歧异的利益，阻碍了这么一种权势的增长。

然而，它们被一股力量掌控在一起，那大不同于三个民族国家里正在成形的力量。这股力量鉴于国际体系仍在襁褓之中和仍处于可塑状态，强劲得足以产生巨大效应。王朝世袭政策，繁盛于私人利益与国家利益之间的边界线上，一向在中欧和东南欧的广袤和缺乏中枢的各区域找到它的经典舞台。在这里，卢森堡家族各君主迅速集聚了他们的盛大家族遗产，而且转眼之间，勃艮第诸公爵确立了他们的辉煌属地，那现在传给作为主要继承者的哈布斯堡。也是在这里，在接下来的几个世纪里，仅由王朝纽带绑在一起的新领土结合，将不断或合或分，或聚或散。在这里，国家长久地留在年轻状态，长久地滞后于它在西方的成 [33] 熟；而且，欧洲的人口最多的民族（1500 年左右德意志人多达 2000 万）越是可怜地被置于供同质扩张的境地，它的各王朝的家族政策就变得越是贪婪的扩张主义的。然而，甚于任何其他家族，伴随大机会愈益成长的哈布斯堡家族形成了一种不可思议的精力，追求它的王朝目的，在世界事务中起一种有重要历史意义的作用，以种种地方纽带游动式地反制民族国家。像某种巨大的爬行物，哈布斯堡家族伸出条条卷须，将一株又一株树拔入自己的禁地。这么做时，它与根基日益减少的，徘徊在西方世界的、帝国和教廷的老旧普世观念结成天然同盟，靠此得到加强，并被神圣化。

这些便是四强，它们在争夺意大利的斗争中作为敌人或盟友而联结起来。起初，主要的争斗者是法国和西班牙。在钟摆剧烈来回摆动后，它们的力量达到了一种平衡，它们之间瓜分半岛看似大有可能。

然而，西班牙国王查理一世之选为神圣罗马帝国皇帝查理五世令形势巨变。仅适才开始运行的均势受到挑战，不仅在意大利，还在整个西方世界。国际体系刚问世就被置于一场极严重的考验：它受到霸权幽灵威胁，而这幽灵将频频再现于随后的几个世纪。

现在，统一趋向由哈布斯堡家族重新激活。它依凭卓越的外交和所有权势工具的协调运用得到推进，而这些工具全在这五花八门的异质领地的集聚者掌控之中，它们经雪崩似的遗产继承累积而来，且不久将因添上匈牙利和波希米亚而进一步增进。在德意志帝国证实了的方法，即靠堆积强有力的王朝领地去抵消分解，被运用到整个西方世界。面对来自教皇和法国的抵抗，这方法在首番发威中一定程度地得逞，那在以后几个世纪里均势体系巩固之后将难以想象。这是不是一个现代版的卡罗林帝国的黎明？它是否将成功地同化新时代的种种迅速崛起的力量？

诚然，在西方，这些力量已经服务于民族国家。可是，西班牙以其宗教风味，很有能力充当一个被宗教神圣化了的帝国的主要支柱；而且，在中欧，在德意志和意大利，尚未有任何民族已结晶定型。假如哈布斯堡现在取得阿尔卑斯山以南地区的霸权，并将它添入该山脉以北的该家族领地，哈布斯堡就将集聚起巨大的家族属地，那连同西班牙，确实能作为一个帝国霸权的坚实基础起作用。1494 年时，发动攻击的法国国王大概已经计划用征服意大利去赢得帝国皇冠，并且以此赢得对西方世界的持久主宰。现在，哈布斯堡的霸权看来取决于拥有意大利。在此不需充分复述在意大利的支配地位如何落到哈布斯堡手中，同时跨阿尔卑斯的发力基地如何崩塌消逝。然而，或许我应当举出某些在本论著后面将至关重要的因素。

意大利之战是哈布斯堡家族与法国之间的一场战争，但它同时也是意大利各自由邦构成的国际体系的殊死拼斗。如今，这殊死拼斗的记录 [35] 可能比以往任何时候都更深地打动我们。我们眼观这些政治上虚弱无力的小邦——伴同其闪光的文化和腐败的道德——开始与规模大为不同的国家碰撞，在洗劫罗马和美第奇家族及与西班牙结盟征服佛罗伦萨那样的无法忘怀的灾难中沦于毁灭。与此类似，古典时代光耀、腐败和虚弱的城邦也面对马其顿国家的屠戮而崩塌。而且，有如在古代世界，希腊国际体系的倾覆导致最高尚的头脑转入内向哲学，在文艺复兴体系的废墟上则兴起了盛大的冥思默祷和回心转意运动，它被那么误导性地称作反宗教改革。由于大众没有弃绝基督教生活方式，而且尽管往往朦胧含糊，上层阶级的文化也基于基督教传统，因而嫌恶就来得更快。神圣的苦行者出现了，一种形而上的道德观被确立起来，艺术虽然保有古代世界的形态，却学会了表达复兴的基督教价值观。意大利精神远未被摧毁，而是被转换，并且仍是欧洲的导师。回归到教会的普世理想，它现在为好斗的天主教教义铺平了道路，后者在该世纪下半叶将给欧洲国际体系内的统一趋向注入强劲和暴烈的冲动，虽然为时过晚，无法支持查理五世的帝国图谋。他失败的一个因素是目光短浅地怀疑教皇，而其根源之一，即教廷与帝国之间的天然敌意，即使后来也从未消失殆尽。然而，主要因素当然是这些心态世俗的教皇颓废堕落，念念不忘其意大利 [36] 各邦的——如果并非其家族的——蝇头小利，因而那么经常地忘记自己对基督教世界的利益所负的责任。

只有一个意大利城邦保持了它的自由，而我们自己时代的事态已教导我们去赞赏对威尼斯海岛自由权的成功防卫，不亚于主陆各邦的崩溃所教导的。在争夺意大利的斗争的初始阶段，甚至在查理被选为皇帝之前，这个惯于行使"分而治之"原则的海岛帝国就突然发觉自己面对一个可怕的、阵列紧密的大陆国家方阵：以康布雷联盟为名，法国、西班牙、皇帝、教皇和一些较小的意大利城邦结成了一个反对威尼斯的同盟。这是个何等的力量集合，针对一个居民不足两百万人的城邦！威尼斯人口最多的主陆各区径直沦入敌手；一如既往糟糕而且总是由一名外国雇佣兵首领统率的陆军被击得粉碎。主陆上爆发惊恐，但海岛本身一片从容镇定。几个月之内，威尼斯靠利用敌人阵营内部的纠纷掌控了危机，收复了它的主陆领土。它又将延续三百年，享受千年历史的多彩黄昏。在它战胜康布雷联盟后的一段长时间里，威尼斯始终是地中海的头号基督教海军强国；它是勒班佗海战（1571 年）的首要胜利者，此战击破了土耳其大王的海军力量；而且，在随后的多次战役中，它证明是西方世界对抗异教徒的坚强堡垒。

[37] 可是，虽然威尼斯单枪匹马能够免于受西班牙统治，法国则因其本身的缘由而徒劳地尝试捍卫意大利的自由权，但相反的事态发展在阿尔卑斯山以北占了上风。那里，归因于诸邦主与法国的同盟，德意志自由权不仅得以保存，而且能够加强掌控。在意大利，一个国际体系遭难沦落；在德意志，一个新国际体系的轮廓变得分明可见。而且，如果说意大利体系的毁灭由欧洲体系的兴起而发端，那么后者要对德意志帝国分解为半主权国家的一个流动易变的集合体负不亚于此的责任。毕竟，哈布斯堡帝国主义是德意志自由权（Libertät）与欧洲自由两者的敌人。

查理五世倚赖他与普世教会观念的结盟。虽然在意大利，这观念被教廷的世俗化暂时削弱，但在德意志，它被对这世俗化的反应永久击碎。宗教改革使诸邦主的反对有了一种宗教气息，肇始了神圣罗马帝国的最终解体。在精疲力竭的皇帝认为帝国霸权巩固了统一时刻，它摧毁了这霸权的老旧基础。无论如何，德意志作为一个政治民族的命运在步入阴影。皇帝的胜利本将使德意志从属于普世目的，如同达到这些目的的工具之一，因而本将压倒德意志的利益；他的对手们的胜利够不上促进德意志的利益，却将帝国观念从属于邦主们的目的。

邦主们姗姗来迟的胜利与其经久的效应只有在一种情况下才可被理解，那就是我们考虑到种种不同的制衡，它们令皇帝的命运保持在未定状态，并与作为所有抵抗之天然集合点的法国政策相连。一番此类的通述本须紧密遵循兰克的思想纲要。在阐述这第一场追求霸权的争斗时，［38］兰克能够显示他的全部高超，恰恰是因为这战争本质上在旧大陆的限界之内打的。我在此将只谈论这叙述里的两项事态：英国的作用与土耳其的作用，它们是旧大陆侧翼的两个国家。

英国近几个世纪里的经典政策一直在于造就一个制衡，去反制眼下最强大的大陆国家。这政策是否那个时候就在成形？英国是否在试图拨动天平秤盘，或者说为了矫正力量对比而与较弱的一方站在一起？许多迹象提示，起初沃尔西红衣主教在这个意义上理解英国政策；听说亨利八世有言："得吾宠惠者必胜（Cui adhaereo praeest）。"然而，此乃一厢情愿而非现实。查理五世当选后，这海岛王国的影响——它尚未发挥一种在两个世界之间的中介作用——没有强得足以支持一种成功的均势政策；正是由于这个原因，无法期望英国领导人首尾一贯地实行之。足够典型的是，沃尔西还全不明白海军对英国的重要性。而且，亨利八世虽然对他的国家的未来有一种锐利的直觉，但因为性情而不适于平稳执着地驾驭对外政策。他滑入大陆征服图谋，而非首尾一贯地支持法国对抗皇帝的优势力量，不时幻想取得法国王位。英国的海岛地位必须由种种新环境加固，而后这个岛国才能够成为欧陆事务中的一个决定因素。在这个时刻之前，国际体系将缺乏主要源泉去保证它在追逐霸权的未来斗争中的灵活性。

因而，存在于大陆的一个国家——在这场合是土耳其——能起源泉作用就更重要了。土耳其构成了一个制衡，去反制查理五世代表的统一 ［39］趋向，恰如在伯罗奔尼撒战争的结束阶段之后，每逢雅典或斯巴达起而求霸时，波斯人将他们的砝码从一方移至另一方，然后再移回。有如古代波斯人，土耳其人将东方专制主义的权势工具与他们从西方采用来的军事技术相结合。虽然这两者在文化上实际上都是彼此的死敌，但它们成了土耳其政治形态的保障者。幸运的是，在这两回，外部强蛮也实际致力于世界其他部分，不足以将这保障转变为统治。尽管如此，将各大文化区域丧失给蛮族是国际体系不得不为自己的继续生存而付出的代价。特别在 16 和 17 世纪，这代价实属巨大。

十字军东征时期，西方对伊斯兰的进攻提供了一个机会去显示基督教统一。现在，即使是伊斯兰对基督徒的袭击，也不能在他们中间塑造出一种统一的防御。法国"最基督教陛下"与土耳其大王的同盟以一种特别吓人的方式，显示了普世宗教观已被削弱的性质。尽管如此，在保存国际体系的自由方面，这土耳其权势之引入外交和军事博弈，起了极重要的作用。查理五世，其领地在两条阵线上威胁其法国敌人的领地，现在自己也陷入了持续几十年的两线战争。诚然，他对异教徒的斗争给[40]了他的帝国地位一种道义辩解，那还以实际方式有利于他——例如在招致某些德意志新教徒援助他一事上。然而，他在这场斗争中遭受的损害远为严重。假如没有这损害，可以想象他本可能快得多、也决绝得多地与意大利和法国做断了结，而且在确立了他在德意志的权威后，本可能去尝试圆满他的努力，办法是以一次宗教会议为媒介，在西方世界树立起一种新秩序。事实上，他以其最后的剩余实力去开始德意志战役，无法弥补萨克森的摩里斯倒戈造成的挫败。最后，土耳其以及法国遣军去争夺这位皇帝相信他已在缪尔贝格赢得的霸权。这不是说主要是土耳其人造就了对皇帝的决胜——他的事业基于的前提，总的来说有太多的脆弱——但土耳其无疑助成了这一决胜。

西方，一个半岛，在地理上的被锁闭特征给所有统一趋向提供了天然支持。然而现在，这被锁闭的区域已被宽广地开放，朝东南开放，而土耳其人之引入政治上的纵横捭阖，加强了西方的分裂趋向。在以后的几个世纪里，法土同盟依然是法国对哈布斯堡斗争中的一个武器。然而，老迈的奥斯曼帝国从未再获它在 16 世纪享有的重要性。

来自巨大东方地域的一个新颖年轻的强国，沙皇的东正教帝国，取代土耳其，转而被吸入国际体系，并且像新月帝国对哈布斯堡的一样，对法国的求霸努力有损害效应。

为评估这一事态发展的重大意义，只需想象现代开始时一个绝对而 [41] 非相对地锁闭的西方世界。如果我们假定文明的一种持续扩展，我们就无法怀疑统一趋向、霸权趋向将在某个时候和在某种赞助下压倒分裂趋向。拿破仑掌控的有利于统一的力量何等巨大！如果说尽管如此，欧洲各国之并入一个单位仍然一次又一次地化为泡影，那么主要原因就是每每恰在功成时刻，新的强国被引入纵横捭阖，作为制衡力量起作用：查理五世之下欧陆东侧的伊斯兰地区，还有腓力二世之下西方海外领地与其欧洲倡导者，即海洋强国。

腓力二世

在我继续辩说这后一较量以前，我想显示尽管有其父查理五世遭受的逆转，腓力二世是如何能重新发动争取霸权的斗争，且有优于其前任的前景。

哈布斯堡在帝国内的地位削弱，该家族分裂为德意志和西班牙两支，难道这没有将腓力的权势基地压缩到一个地步，使得树立一个坚固的霸权构造成为不可能？在此必须说，即使这位西班牙国王无法期望从德意志获取任何添加实力，他也没有任何理由去害怕来自那里的障碍，它们曾那么频繁地挫败了他的父亲的计划；侵略野心与新教邦主格格不入，而且倘若不受骚扰，可平安度日，他们便平静地退出高阶政治的热火朝天，退入平凡无聊的德意志生活的了无生气。他们与法国的危险联系松弛下来，尤其因为法国的宗教战争使问题令人困惑。起初，哈布斯堡家族的德意志分支受制于同样的了无生气；它不去经过一种遗产继承政策增长自己的权势，反而开始分割继承了的遗产，甚至沉溺于与异端作可疑的交易。可是，西班牙宫廷的一个产物，鲁道夫二世，登上了帝位，反宗教改革则依照一项系统的攻击计划，夺得了一个又一个

[43]

重要阵地。通过建筑新坝，它一步步地围堵住16世纪50年代大决口的影响；在帝国西部，它的每次得逞还能被认作是西班牙的直接成功。因为，反宗教改革起了巩固莱茵河畔西班牙领地链的作用，那从尼德兰往下远至意大利，已经并将继续犹如一根简直不间断的绞索，使劲勒住法国权势。

法国扩张经攫取三个主教区而获得的进展并不持久。在意大利，法国无法走得更远；它在这个地区拼不过西班牙人，一如它在查理五世时期那样，而且它被迫缔结了一项没有得益的和约。远更糟糕，它转而陷入一场三十年之久的宗教内战。由此，损害了查理五世的德意志地位的宗教纷争现在间接有益于他的后继者，令其主要大陆对手法国力量衰竭，元气大伤。他们取得了战场胜利未曾带来的东西，那就是西班牙外交和西班牙军队渗入该国心脏。确实，哈布斯堡王朝婚姻政策这四处爬行的藤蔓将能够使其触角伸至那同一个国家的王位，该国先前一直是欧陆自由的事实上的捍卫者，抵御哈布斯堡霸权。

在英国，在皇帝本人有生之年，这个政策实际上达到了目的，且令其欣喜不已即使只是短短几年。腓力婚娶天主教徒玛丽事实上全然违背 [44] 未来英国的经典政策将规定的一切。这个海岛依然远未承担起它的世界历史作用！诚然，英国不久便将挣脱西班牙外交套在它身上的镣铐，但不是先于它在卡托—堪布累齐便利了西班牙取得对法胜利。伊丽莎白不得不以大技巧多年继续纵横捭阖，因为反宗教改革有其伸展到爱尔兰、苏格兰和英格兰本身的种种联系，令这些国度面临欧陆宗教战争的恐怖威胁。

如果说在腓力的时候，英国仍尚不能作为对他的求霸冲动的主要制衡力量起作用，那么在他父亲的时候曾履行这功能的土耳其人现在却不再处于这样的地位。东方专制主义迅速地过了它们的昌盛顶点。在勒班陀的海战胜利给西班牙国王戴上了光环，使他成了西方在异教徒面前的护卫者，而其荣光向前照亮了目标，几乎唾手可得的目标，那就是将欧洲这半岛结合进一个政治和精神统一体。

是的，一个了不得的精神统一体！查理五世的梦想似乎即将成真，虽然以一个他未曾预料到的形式。他的野心主要败于土耳其人、法国人和新教徒——还有教皇。我们已经见到其中头三个对手如何身陷羸弱而难以自拔。第四个对手现在得到加强，成了西班牙的盟友。虽然教皇没有默许皇帝的宗教会议政策已分派给他的角色，但这两个权力载体之间的悠久敌意正在缓解。新的克吕尼改革，即反宗教改革，正在最终延及 [45] 教皇宝座。它从意大利虔诚的结合中生长出来，后者既出自文艺复兴大灾，要重返传统老路，也出自西班牙虔敬，那从未背离之。不羁于教皇国的狭隘地方野心，教皇的眼界现在囊括整个西方，甚至全世界。伟大的精神任务，即与异端拼斗，先前牺牲给了微小琐碎、短暂易逝的种种世俗目的，现在却将精神权势的持有者尽可能近地拉往世俗权势的持有者，同时未损伤重新振兴了的宗教原则的彼世性。在罗马新教威胁有助于西班牙权势目的，这甚至超过巴黎。西班牙普世政策之帆被顺风鼓足，强有力的普世精神运动顺风，它是皇帝的政策一向太明显地缺乏的。

这是个与西班牙的灵魂完全和谐的运动——大半是它的产物并由它养育——因而能燃起这个民族的最深处能量。它在中欧正坠入奴役或昏睡状态、西方强国正与其自我改造难题扭斗的时候，将民族的和普世的、政治的和宗教的种种冲动熔融为一种不可分割的统一，服务于一个囊括世界的传教任务。在查理五世之下，这统一尚未被充分感觉到。他在位期间，西班牙人像他的所有臣民那样，不同程度上感到自己被套上了一种异己的理念。腓力——以其尊严、一贯和虔诚——成了他们的民族英雄。他并非总在旅行，像皇帝一向的那样；他不被认作是个外国人。在他之下和经过他，哈布斯堡的杂乱无章的权势找到了一个坚实的民族基础。一位君主欲取得大效应，无须有大才能，特别是倘若他将环绕王冠的宗教灵光与一种坚如磐石的信念结合起来，那是他关于自身使命和绝对主宰事务操作的信念。腓力二世虔诚无比，如同 19 世纪的沙皇尼古拉一世，而且出于类似的原因。西班牙的经济落后照旧是它的阿喀琉斯之踵。驱逐犹太人和摩里斯科人虽然是个甚得人心的行动，但肯定毫无助益：它消除了基督徒工匠的竞争者，却未消除他们的老旧过时的经济观。从海外流入的大量贵金属，还有它们对国家效率的激发效应，似乎是绝妙横财。一个事实，即它们甚至更多地损害了经济效率，并未立即变得分明。从短期观点看，在关于它的未来地位的决胜近在咫尺之际，这流入代表给予帝国的一项巨大资产。查理五世时期，西班牙殖民地还未被充分开发，以至于它们的宝藏交由君主处置。现在，这些殖民地得到了恰当开发；不仅如此，在兼并葡萄牙之后，腓力给它们添上了全部葡萄牙殖民地，从而将白种人的全部海外所有统一在他的权杖之下。

即使这番粗略的审视也表明，腓力确实大享便利，去以众多新王牌恢复他的父亲的博弈。是什么情势以那么恒久的效应挫败了他的盛大宏图，以致西班牙根本不可能有第三次求霸图谋？

在此，我应讨论这些海外领地的双刃剑作用，讨论在海军强国兴起的过程中，它们以何种方式前来敲响西班牙统治者的丧钟。

尼德兰的兴起在多大程度上与海外所有相连？我先前提到过该地区是欧洲第二富庶的国度，仅略次于意大利；它得益于南部的手工业，[47] 而在较贫乏的北部得益于渔业、航运和海上贸易的发展。虽然在 16 世纪期间，部分地由于英国的竞争，手工业衰落，但恰恰因为海外地理大发现，在这个国度的生活中的海洋要素经历了巨大跃升。诚然，荷兰人未在其中起作用，它们的船只和资本也未运作于新的洋区。然而，他们先前一直在交换东西方和南北方产品的巨大的远程贸易中，从波罗的海的最远角落到伊比利亚海岸，运用他们的无可匹敌的商船队；而且，一迄将堆积在葡萄牙和西班牙海港的殖民地财富水运到欧洲北部各角落成为必需，这中介作用就立即获得了新的重要性。然而起初，尼德兰的商业只间接地得益于这新的大洋贸易。如果我们只看他们的航运量对无论哪个竞争者的增长着的优势，或者只看他们在欧洲西面和北面水域里愈益巩固的地位，那么我们就会想起与威尼斯相比。然而，当我们在审视世界贸易中尼德兰的作用时并行审视远东贸易中威尼斯的作用，我们就认识到尼德兰仍限于中程运输、欧洲运输，在前往欧洲以外遥远海岸的远程航行中尚无一席之地。

在欧洲水域的这特殊地位得到怎样适当的保护，以抵御来自欧洲大陆的侵扰？还有，它是否为一个政治上独立的国家提供了基础？这在[48]尼德兰造反期间要接受考验。在这场斗争中，南部诸省，包括大体上与主陆绑在一起的安特卫普，被欧陆首强西班牙的大军制服；北部诸省，被水域环抱和穿插，既受其威胁又受其保护，却坚持住了。我们再次回想起威尼斯。恰如威尼斯的一个伟大之处——相隔甚远的各区域之间的海上中介作用——在尼德兰的兴起中再现，尽管起初以一种不那么显著的形态，它的另一伟大之处——有坐落于三角洲之利、享两栖位置——现在也证明可贵。然而在此，这利好也不那么显著，因为缺乏那种由威尼斯潟湖诸岛构成的真正的海岛城堡。

尼德兰，宗教运动是一个追加因素。然而，假如没有我已指出的两项情势，就不足以使荷兰长久保持在西班牙铁爪之外。它激燃了大众，使之变得可塑，因而能在一个新国家的模子里得到再造。可是，它本身没有激发造反，造反的根源归因于超越教派边界的世俗冲动。相反，宗教运动是西班牙体制的一个反映，在其中政治冲动与宗教冲动已变得两相融合。对手在战斗中彼此调整以适合对方。一迄西班牙人不再危险，荷兰宽容便立即展开，与此同时在西班牙，顽固的不宽容甚嚣尘上。

　　然而，是否所有情势合起来足以保证造反者得胜？无疑，它们能够延宕没有舰队却与水较量的西班牙人的推进，后者的最佳步兵与一个像威尼斯人一样乐意将陆战留给雇佣兵的水手民族竞斗。尽管如此，造反者仍无法阻止其强劲的敌人缓慢前推。荷兰的力量，虽然有如威尼 ［49］斯，却仍不如它。无论航海的荷兰人正在从大洋贸易收获多么大的间接利得，缺乏的仍是一种绝对海岛式的位置和前往海外陆岸的远程航行。

　　我们撂下了英国，它已经撤离欧洲大陆，但既在其对外态势也在其内部特性上，仍摇摆不定；已经倾向于手工业和航运，但没有与荷兰人匹敌的远程贸易，英国的海上力量只是在近岸水域才有效。接着，在伊丽莎白治下，民族和国家以非凡的决心自我振兴，最终迸发大力，大得使这个小国首次在世界史上起作用，开启一种将一直持续到1945年的事态发展。

　　英国崛起与存在海外属地之间的联系明显得多，远甚于荷兰。欧洲的所有移民定居地依然在两个伊比利亚国家手里——确实自1580年往后它们一直仅在长西班牙人手里。然而，大洋赋予这海岛王国一种具有决定性作用的力量增长。

　　海外扩张与国际体系同时诞生；冲破西方世界限界的蓬勃活力也摧毁了它的统一。土耳其人介入了这两个进程中的每一个。我们已经见到，经过他们与法国的同盟，他们如何挫败了16世纪前半叶欧洲在哈 ［50］布斯堡之下的统一。然而，甚至早在15世纪，由于封锁与远东的贸易，土耳其人就已刺激起前往印度的新通道探索，从而促进了地理大发现，那到头来将再度令天平朝不利于哈布斯堡的方向倾斜。

　　首先在地理大发现方面领先的是葡萄牙人。有如西班牙人，他们将传统的宗教征伐热情与现代的权势野心结合起来；可是作为较小的国家，无望在欧陆扩张，葡萄牙只能转向海洋。它的老师是意大利诸海军强邦，后者的舰船那么经常地停泊在半岛上最好的大洋港口里斯本，而且它们本身已经推进到远至亚速尔群岛。意大利人的商业精神，他们渴求发现的文艺复兴热情，还有他们的科学方法，都不可思议地与葡萄牙人的侠气战斗传统混杂起来。

三代人大胆和一贯的努力得到了奖赏，那就是一个葡萄牙基地网的成长，它散布在遥远的印度洋周围。马穆鲁克和土耳其人徒劳地试图斩断这个网，在其中丰饶得难以置信的东方财富被绊住和被俘获。依靠沿远程航路的一连串定居地，与欧洲的联系得以确保安全。一项史无前例的壮举问世：归功于它的航运，归功于这一技艺，一个欧洲民族已散布在地球的各遥远地区，恰如一株植物以其带翅的种子为手段，在遥远的地方自力更生。

葡萄牙的传奇式的荣光似流星般转眼即逝。并非这突入遥远地域的极出色的冲刺招致了任何报复。殖民帝国牢固地留在母国手里，如同一[51]个系在长线上的色彩华丽的气球留在一个孩子手上。然而，母国本身证明易受伤害。葡萄牙的远程贸易做得像威尼斯一样好，履行了两个世界之间的中介功能，但是该国缺乏任何种类的海岛安全，甚或两栖安全。1494年，葡萄牙不得不向它的西班牙对手让步，同意一条将地表划成两半的分界线；1580年，连同全部海外所有，它被西班牙兼并而丧失独立，两代人之久后才得以恢复独立。

与此同时，西班牙大为有力地增强了它自己的海外帝国。一夜之间，而且几乎事出偶然，一个大陆国家自相矛盾地成了一个海外强国。因为，与葡萄牙人的系统的远航相比，美洲的发现简直碰巧发生。有特点的是，一个外国人的主动起了决定性作用。哥伦布，一个卢西塔尼亚血统的热那亚人，在意大利和葡萄牙探险者中间充当学徒。他放弃了这环境，因为他想象的计划无法妥帖地纳入自己的事业，令他前往西班牙。在那里，他见到了一个简直全无海洋和商业传统的大陆社会。他被命令等待，直到国家的陆上大任务——驱逐摩尔人——业经贯彻为止。在格拉纳达终于沦陷时，他已经等不及，将目光转向英国和法国。他在卡斯提尔旗下扬帆出海，而凭这首次事功，西班牙赢得了最佳奖赏，收获葡萄牙已播种的。

西班牙能否利用已落入它裙兜的珍宝？肯定不能以英雄般的葡萄牙航海家和商人的方式去利用。然而，它通过军人和僧侣，以自己的方式成功了。他们没有创设一个孔眼宽宽的基地网，亦无从定居地到定居地的逐步殖民过程。问世的是个海外大陆帝国，囊括整个大陆和数百万 [52] 民众，一个浸染了宗教征伐精神和以母国的政治—教会风格去治理的帝国。在此，在一个频发可怖的暴行的时期之后，基督王国开始伸展；有色臣民被示以某种尊重，与白人通婚得到鼓励。然而，经济活动大抵被限于开采贵金属。

从 1580 年起，腓力便将西班牙和葡萄牙两个殖民帝国都把握在他的巨掌之中。难道这殖民垄断不看起来是西班牙欧洲霸权的先声？难道欧洲国际体系的终结不近在眼前？

要理解欧洲国家体系如何得救，我们就必须估量海外事态影响下英国在海外拥有一平方英尺的土地之前的转变。地理大发现的消息立即并深刻地扰动了英国。最初的英国航海并非由英国人指挥，而是像别处那样，由意大利人——事实上是威尼斯人——主持。正在浮现的海军强国由正在隐退的海军强国托上台面。

可是，在西北方和后来在东北方，取得的结果都无法与在南方得到的相比。长远地说，像磁石吸铁一般，南方洋面吸引了所有事业。不必由国家领头。海岛位置给私人主动性提供了大陆上闻所未闻的便利。正是从由来已久的“商业冒险家公司”的行列中，英国的英雄即“皇家劫掠者”（buccaneers）在那些日子里脱颖而出，他们是海盗、商贩和资本主义事业的组织者，演化为每一种类型的发现家，成了英国伟大海事史 [53]

的先驱。被伊比利亚国度的商业垄断排除在合法的海外贸易之外，这些人袭击通往异己殖民帝国的远程海上航道，掠取多得惊人的战利品，并且获得了舰船建造和航海技艺方面的一种优势，那使他们成了维京人的真正后继者。伊丽莎白审慎周旋，若有必要就否认与之有任何瓜葛，同时悄悄地促进他们的目的。以愈益增强的决心，她继续父亲的政策，并且鼓励手工业、商业、航运以及海军。

这位女王不考虑放弃任何利好，因而与西班牙的冲突变得愈益迫近，虽然她和腓力都不决意要公开打仗。逐渐地，这两个国家在所有方面都采取相反立场。在英国，几乎和在尼德兰一样，宗教歧异有一种爆燃效应，不管伊丽莎白有如沉默的威廉，出于她自己的意志可能如何贬抑它的轻重缓急位置。女王帮助法国的加尔文教徒，而且最重要的是在威廉被谋杀后，帮助荷兰的加尔文教徒。由此，她引导英国首次去领导一种大陆联盟，对抗一个支配性的大陆强国。与此同时，这一力量分布首次使英国在控制诸大河三角洲上的紧要利益变得显著昭彰，那是保卫英伦三岛、抵御欧陆最强国家攻击的头一道防线。法国的衰落导致英国承担西班牙的敌人这历史性作用。均势政策在沃尔西之下是个未成形的希望，现在成了现实。然而，即使在那时，它也不仅在于捍卫欧洲均衡，还必然意味着大力进取，追求英国本身的海
[54] 上霸权。这进取是那么成功，西班牙在海盗手上遭受的损失是那么可怕，以至于西班牙在大陆上的全部努力要不统统报废，腓力就别无选择，除了挑战支持荷兰的英国人，甚至在他征服荷兰人之前，并且以一记巨大打击砸碎这两者。处决玛丽·斯图亚特——它本身由反宗教改革的阴谋诡计激发——迫不得已地导致最终决战，因为这藐视西班牙的尊荣，同时毁了腓力的希望，即希冀他的海岛对手行列中发生分裂，类似于他的欧陆敌人中间发生的。

于是，看来在其实力巅峰上的头号欧陆强国进了决斗场，要打击那

未经考验的海岛小国：歌利亚打大卫。威尼斯的海岛生存模式毕竟只结晶在意大利体系这较有限的框架内。现在，欧洲舞台上首次出现两类生活方式彼此对抗。一直延至我们自己的时代，它们的衍生物始终依然两相对立。

是海战的特殊性质将危机缩短到以天计和小时计，它们在陆上可以被拖长到历经几十年。这里，对世界史来说至关重大的一项胜负决定由单独一场战役做出，它有着往下一直到细节本身的象征性意义。

西班牙人对一个事实大为自豪，亦即前一个世纪的最大海军胜利是在他们指挥下取得的。然而，在勒班佗的行动是一场地中海战役，以出鞘的弯刀和小口径枪支作近身格斗。西班牙的远洋舰船有其漫长的落后记录，而现在来的要求是一支由 132 艘兵舰组成的舰队，要在巨大规模上予以装备，以作大西洋航行。舰船设计怎能不显示缺乏海上传统？且不说海员，一万左右海员从每个地中海港口被纠集而来。甲板上的战斗人员有两万两千以上，都是完美的战士，在举止优良的军官带领之下。然而，他们的完美只是就战术执行方面的肉搏战而言，那实际上是将陆上战斗状况搬到海上。这些战斗单位犹如大洋上的一小片大陆，舰船甲板上的陌生实体。 [55]

英国人有至多 34 艘实际的兵舰可供调遣，总共六千人在舰上，然而他们的舰船小巧敏捷，很适应大西洋状况，装备长射程火炮，从炮眼舷侧开火。火炮手、士兵和海员协调构成与兵舰的一种活生生的统一；官兵关系灵活可变，而非封建大陆式的僵硬专制。在兵舰旁边，而且数量几乎多达其无备，有西班牙人无法匹敌的船只——私掠船，其船员总共一万人之多，在上百次行动中结为一体。他们是新的海上英国的先锋，其头领弗朗西斯·德雷克乃英国从海盗时代转变到海军大强国时代的体现。

只需一阵狂风，就可使舷侧火炮遭受灭顶大灾，这些火炮在笨拙不灵、挤满人员的巨型西班牙大帆舰中间，隔着安全距离开火。无敌舰队遭到波斯舰队在萨拉米斯一样的命运，而且预示了俄国舰队在对马海峡的命运：每个场合，都是一个大陆巨型强国的业经远程航行的一群群舰船，在一个小的海军敌对国家的内海，葬身海底。无敌舰队还使人想起在塞姆帕赫被击败的大群奥地利铠甲骑士，败于瑞士人的平民长矛。无论如何，瑞士人的战术可被学会，而西班牙人却无望获得像英国人有的那些舰上海员，即使它能筹措资金去装备一支新的无敌舰队。它完全缺乏浸透了海上技艺的那类英勇无畏的商人。它没有弗朗西斯·德雷克。

[56]

德雷克是个典范，显示在欧洲史上最命运攸关的时刻之一，英国从哪里汲取力量来赌上它自己的自由以拯救国际体系的自由。前往殖民地的海道上的竞斗本身那么迅速地增进了这个岛国人民的种种能量，以至于不久就超过了他们的敌人的能量，后者尽管有其全部殖民垄断，却照旧以大陆心态墨守成规。"上帝吹风，彼等云散"（Afflavit et dissipati sunt）：是跨海刮来的一阵风驱散了无敌舰队。在这霸权斗争的最高潮，竞斗中的新的区域要素即大洋地区作为决定性对冲力起了作用，即使仅仅间接地，靠的是将海上国家——英荷两国——和海洋生活方式提升到世界级地位。

足够自相矛盾的是，荷兰早于英国取得这地位，虽然后者可以认领决战。英国或可被比作一艘有着笨拙船身的舰船，无法太方便地启动做一番新的航行。乡绅的生活方式和利益伴同手工业和城市商业，在那里占上风，而宫廷里的莎士比亚式后期文艺复兴的自由精神则伴同普通大众中间的宗教精神。与欧陆相比，这个海岛有它自己的发展韵律。甚至在无敌舰队战役后，女王也依然审慎，拒绝支持主战派，其追随者们急于从海军国家跃进到殖民国家，径直攻击整个巨大的西班牙海外领地集群。在本国近处，伊丽莎白确实准备延展她的权力：与苏格兰的个人联

[57]

邦有望给英格兰的海岛力量作一可贵的添加。在对其外部敌人赢得伟大的决定性胜利之后，英国还将需要一代人以上时间，才能克服它的内部事务包含的种种阻碍因素，并在克伦威尔治下以咄咄逼人的意图和它的全部被压抑的实力，扬帆驶入海洋世界。

小小荷兰的情况是多么不同。那里，全国生活早就以贸易和航运为中心。一迄无敌舰队败北的种种效应变得被感觉到，而且西班牙的现在强烈受损的全部重量转过去压在法国头上，荷兰人就立即转而仿效英国，将他们的全部精力投入跨洋远航。他们的商船队在规模上远超过其英国，而且在被英国人拯救后，他们运用自己优越的海上潜力将其拯救者甩在后面。他们同样不去搞紧紧结合成块的大片老式殖民地；然而，他们大胆地攻击和夺取数量多得动人的小型葡萄牙基地，建立了一个贸易帝国，那在特性上与商业心态的、他们现在成了其后继者的卢西塔尼亚人的贸易帝国类似。

如同葡萄牙人，荷兰人易受伤害，但原因相异。荷兰的两栖地形提供了一种更有效的防卫，抵御来自大陆的攻击，但就其他方面而言，荷兰人在种种不利条件下劳作。

近旁的英国人以其海上力量和大得多且纯为海岛的基地，证明是海上的可怕竞争者，一旦克伦威尔消除了阻碍该国实力发展的那些因素。[58]

荷兰还不免国内摩擦。奥兰治家族代表陆上阵线，并且追求一种仿照欧陆模式的君主地位，得到陆军和城镇狂热加尔文教派大众的较低阶层支持；富裕的上层市民则代表海上阵线，关注航运、商业和海上力量。在宗教问题上，他们倾向于宽容。他们认为公共福祉的基础是私人财富，奥兰治家族却认为那是国家的军事和政治壮大。然而，无论这些彼此冲突的倾向可能如何暴烈地煽激这个民族，海洋依然是它的能量焦点，而且长远来说富裕的市民占了上风。陆军的重要性随西班牙衰落而减小，而现在爆发的战争本质上是以海军交战方式去打，且对富人来说证明是极好的生意："陆战招致饥饿，海战招致劫掠。"确实，这场海战是打一个殖民地丰腴、舰队却羸弱的对手。以后的一场海战是打英国的海上力量，将有大为不同的后果。

然而，就眼下来说，这片土地沐浴阳光。荷兰人强健自信地建设他们自己的海岛——或宁可说两栖——文明，那有如它的威尼斯先驱，在艺术方面留下了它自身的不朽纪念堂。他们政治生活的乱七八糟的特征（联省议会曾被称作"大使大会"［Congress of Ambassadors］，由两千名主权者构成）与欧陆主要专制国家里的组织体制清晰截然相反。可是，[59] 这乱七八糟根本上有别于德意志或波兰的，因为它与生气勃勃的现代生活一起搏动。在一种海岛状环境里，人民和社会体系有其不可见的力量储备，总是比国家的可见属性更算数。荷兰福利国家的自由公民，海洋的富裕主人，以怜悯的轻蔑看不起欧陆权势国家，看不起它们的暴君、它们的良心管制和它们的黩武主义。他们自视为一种更高的政治道德的载体，是一种理性的、开明的世界秩序的倡导者，这秩序基于和平与正义，反对毫无意义的欧陆战争的残忍武力。为公海自由——或曰为打破西班牙海外垄断——进行的海上战争当然与之截然不同！

简言之，荷兰作为海军强国的世界地位的秘密——英国亦如此——在于一阵海外之风。正是从大洋彼岸的新土地，这些规模小但擅适应的机体汲取力量，使它们在奥斯曼人衰落期间能够接过后者的角色，抗衡任何追求霸权的欧陆强国。事实上，这些国度以大得多的一贯性和效能履行这功能，远甚于土耳其人所曾做过的；而且，英国将在未来几个世纪持续扮演这角色。

西班牙如何？作为无敌舰队惨败的一个合乎逻辑的后果，它的星辰越来越黯淡。而且，它之败于海军强国并未了事。腓力徒劳地尝试经延展他的大陆阵位去弥补他的损失。他以倍增的精力和匆忙追求这目的，恰如他的争霸斗争后继者们在相似的情势中将做的。他将压力从荷

兰转向法国。仍有某些对他来说有希望的时刻，当他有部队驻在巴黎、[60]
普罗旺斯和布列塔尼的时候，还有在他的特使代表他未来的女婿与法国
大议会就王位继承问题谈判的时候。然而，腓力的成功显著昭彰，这本
身就构筑了他的失败。它激起了对手们的蛰伏的民族情感，有如他父亲
的胜利在缪尔贝格战役之后导致的，也有如在欧陆强国之间起伏波动的
斗争中将多次反复地发生的。甚至与腓力结盟的法国天主教极端分子，
也开始为他们的盟友感到羞耻。不仅如此，来自英国的反制正在变得让
人感觉得到。

　　最重要的是，纳瓦尔的亨利靠他的皈依，消除了将他与他的大多数
同胞隔开的障碍。法国人受够了自己的无政府状态和外国佬的傲慢，在
一个强有力的君主制的重建中看到了他们民族生活方式的回归。三十年
法国宗教战争告终，其结果与在德意志的三十年战争产生的那些截然相
反。教皇本人藐视西班牙的所有训诫，与反叛者媾和，并且因为这么做
而恢复了行动自由和挑拨两个天主教强国彼此争斗的可能性。西班牙的
时刻过去了。她既被运气也被朋友抛弃，成了遭受精疲力竭的霸权觊觎
者之厄运的第一个国家，虽然是以一种爬行速度。

　　西班牙曾做了英雄般的孤注一掷的努力，要面对所有障碍去主宰一
项伟大和神圣的任务，并且不顾这些障碍去夺取它能理解的光荣，这已
导致它鲁莽地挥霍自己的资产。这挥霍的种种效应可以最清楚地见于该
国的经济。而且，越来越频繁地，载运白银的船只被夺作战利品而未能 [61]
抵达。在其耗竭状态中，这机体不再能靠刺激而被震惊起来投入行动。
债务利息预先吞噬了收入，在这政权之下国家三次正式宣告破产。"让
他们要么保持现状，要么一无所有"（Sint ut sunt aut non sint）。宗教狂
热和好战自豪将西班牙送至其权势巅峰；它们对其人民的经济观的影响
现在加速了它的衰落。

　　帝国，由于其土地的纯规模及其部队的勇敢，保有欧陆首强地位，

恰如某艘大战舰，虽然其机动性已在行动中受损，但仍是个因其火力而需认真对付的对手。或者，如苏利公爵所云，帝国像个有着巨人肌肉的摔跤手，其心脏已愈益衰弱。

[62]

第二章
国际体系：直至路易十四治下法国求霸努力的破灭

\ 国际体系：直至路易十四在 1661 年亲政 \

\ 路易十四 \

国际体系：
直至路易十四在 1661 年亲政

在一个灌溉系统中，一扇高位水闸的闭合或开启足以枯槁广阔地区或润肥其他地区。与此相似，无敌舰队的败北令西班牙领地的血脉干瘪，同时令对手国家的血脉膨胀。然而，政治经济衰落是那么温缓，以至于要两代人——依然被注满西班牙的战场荣光甚而更多的是其心灵荣光的两代人——以上时间过去，这老迈的支配性强国才退入二等行列，让位于它主要的大陆敌手。直到 1659 年比利牛斯和约和 1661 年路易 [65] 十四亲政，法国潮流才宏伟壮观地汇集起来，以便在无敌舰队败北之后经一个世纪达到它骄傲的浪峰。

这两大浪峰之间的宽阔的低谷塞满多种形态和有多个衍生的事变。然而，它们都缺乏头等重要的意义。它们只是为世界历史的一个决定性转折铺设道路。在此，对这个时期作一番简短的描述便足够了。

缺乏任何大的中心问题导致海岛世界与大陆世界分道扬镳。在陆上，西班牙对荷兰不再是一个严重威胁，而在海上，大部分场合它被甩到防御位置。因而，在尼德兰的战役失去了它们在腓力二世时期拥有的、作为一个焦点要素的压倒性意义。不列颠① 能够专注于自己的国内问题而不被迫投入境外冲突。在克伦威尔治下，它终于有条件去对付它的周旋技穷的荷兰竞争者，而不怕危及它们针对大陆的共同的海岛性利益。直到法国求霸冲动兴起，它们才恢复那最初是为抵抗西班牙霸权塑造的同盟。在那之前，海军强国犹如转身背对欧洲大陆。

在大陆，德意志现在成了主要战区。哈布斯堡家族两分支再次造就共同事业。西班牙分支需要德意志支持，而那么长久地站在侧翼的德意[66]志分支从昏迷麻木中醒来；查理五世的老目标，即令帝国臣服，再度变得显赫，与令尼德兰臣服这腓力的目标两相并行。皇帝旨在决定性打击的手臂一经伸出，瑞典就出兵干涉，黎塞留治下力量剧增的法国也将自己的权势投入天平。结果，德意志被毫不含糊地转变成一个流动不定的国际体系，那是个基础已由奥格斯堡宗教和约奠定的过程。帝国以它自己的虚弱乏力作为抵挡了哈布斯堡霸权的代价；事实上，欧洲自由与德意志自由历经百年一向彼此依赖。

支付的代价由于下述原因而更可怕：17 世纪时，哈布斯堡称霸的威胁早就不再像它在 16 世纪那么大。伴随一方面西班牙的衰落，另一方面海军强国和法国的崛起，皇帝在德意志的胜利很难有西向的大效应，亦即就世界历史而言的决定性影响。假如奥地利在波罗的海这个陆闭海域取得了一个立足点，它在大西洋地区将近乎毫无意义。的确，一个追求霸权的强国怎能出自遥远的维也纳？

瑞典的情况也是如此。它的权势没有远抵大西洋，或进入欧亚大陆腹地。这权势既未达到未来的大洋地区，也未达到未来的大陆地区。

---

① 英译者注：直到 1707 年，英格兰和苏格兰才完全统一为一个政治实体，其时《统一法》将英格兰、苏格兰和威尔士合并为大不列颠联合王国。然而，自 1603 年英格兰王位和苏格兰王位合二为一后，"不列颠"之名一直被非正式地使用；这较早的用法在本书得到了采用。

虽然精疲力竭的哈布斯堡德意志分支勉强接受了威斯特伐利亚和约，但西班牙分支继续固执地孤军作战，即使葡萄牙分离和葡属殖民地丢失显著削弱了西班牙。随着它最终在 1659 年被迫接受比利牛斯和 [67]约，宏伟壮观的一个半世纪的历史终告结束。不间断的发力耗去了西班牙的精神资源及物质资产。然而，即使它的加速衰落也将是下滑，而非跌落。

与西班牙的撤退等速推进，它的对手四下扩展，法国在欧陆，海洋强国在海上。

两位红衣主教治下，法国王权击破了贵族甚至在亨利四世结束宗教战争之后就能做出的抵抗。在大陆的所有互相争斗、互相冲突的利益中间，一个强有力的国家机器只能基于专制主义发展起来。虽然这自上而下的革命没有摧毁封建社会的华丽大厦，但是它将其防御工事——对国家的积极抵抗的避风港——夷为平地。现代军队和现代官僚体制的匀称的统治架构开始从古旧的砖石城堡中间兴起。一种对国家的十足的忠君保皇态度愈益浸染了中产阶级，逐退了上层阶级中间残存的较旧观念。

至于海军强国，荷兰已经达到充分成熟阶段，但英国如同法国，仍在往上爬出内部争斗乱局，以达到一种新的境外威望高度。法国在它作为一个大陆国家的多个世纪的老路上奋力前推，英国则急忙奔向自己作为一个伟大的海洋岛国的既定命运。英国现在成就了荷兰几十年前就达到了的：转身充分面向海洋。

1588 年时，仅有海洋英国的一个英勇前卫扬帆投入行动。在伊丽莎白的小心慎重的领导之下，该国仅经过了它在海上的学徒生涯。头两位斯图亚特国王的心灵从未被海洋精神搅动，在他们治下甚至有一番急剧的倒退。令他们着迷的是大陆的专制主义及其盛大宫廷的灿烂光辉，[68]而且这迷恋延展到所有社会上层行列——老派乡绅及其紧密盟友，即英国国教会和古老的主教城市，它们全都仍未受手工业和海运贸易感染。

在怀抱敌意的议会周围集结起来反对这些势力的是所有的变动力量：某些贵族群体（归因于它的继承原则，在贵族与中产阶级资本家之间没有清晰的分野线存在）；整个乡村，伴随其羊毛修剪、由此而来的出口利益和愈益成长的制造业；最后还有年轻市镇，那里成衣业、商业和航运占上风。这些群体倚赖海上威望获得自己的福利。他们深感这威望的可耻衰落，深知他们的荷兰竞争者从中获取的种种利好，深觉他们自己的国家在国外被瞧不起，因为它不能给德意志和法国的新教徒提供有效援助。浸礼会信仰和加尔文教派的好斗形态蔓延于这些群体中间；而且，在其内战中，英国最终经历了——因为其海岛位置而迟迟地经历了——宗教激情和政治激情两者的炽热。

在都铎王朝治下，通过镇压封建主义和开启一种海岛政策，专制主义获得了它就民族而言的存在理由。然而，专制主义越彻底地完成它的任务，它就变得越多余。自信的人们走到了前列，那是能主动去追随已确定的路线的人。正在这时候，斯图亚特王朝抑制住这一发展。诚然，[69] 北美殖民化在此时开始，但国王政权只是允许它发生，而非促进它。在欧洲大陆，一国的伟大基于一个专制君主政体，基于它的陆军和官僚机器，基于它的对外政策大战略。海岛世界的情况截然相反。在英国和荷兰，跃至海上伟大涉及制约君主的因素；海军而非陆军得到发展；民治而非官治成为通则。

可是，英国与荷兰相比，人口确实众多和复杂，他们需要经两代以上人的国内斗争去使其新特征得到展现和巩固。处决查理一世之后，合法君主政体被排除，一个革命政权被建立起来。在英国未来的历史潮流将那么壮观和安详地遵循的方向上的突破，涛急浪高的突破，像在威尼斯历史上一样，将一个恺撒型的人格带到这海岛上的权力巅峰。克伦威尔僭主政体，得到革命军支持，以一种与斯图亚特君主政体有别的方式使英国生活方式瘫痪。然而，长远地说，他的政权内的健全和向前看的因素占了上风。他的权力的难以名状的性质促使他眼望国外，为的是向国内反对派证明他本人的正当。他成功地将英国推上海洋帝国主义道路；而且对英国大为幸运，他的相矛盾的、在欧陆搞扩张政策的计划从未成熟。他建设海军。伊丽莎白的海军与他的相比不过是个婴儿。

海军基本上依然忠于国会，而国会提倡一种海洋政策。克伦威尔现在将它投入到打击荷兰的行动中，该国不管在宗教上多么近似，却是英国的海上竞争对手。荷兰商业一直大大得益于与大陆西班牙的漫长战争。可是在英国短暂的对这海岛民族的战争中，其贸易被击破，荷兰见 [70] 到了它的克星。它向《航海条例》磕头，作为海军国家退居二流。

克伦威尔还一举重击西班牙，在海上完成了类似法国在陆上致其的失败。他以进攻行动终结了一个过程，那是在一场防御战役中无敌舰队败北开启了的。英国的海洋能量在斯图亚特王朝统治45年间一直被抑制，仅向北美移民提供一个不大的出孔，现在却喷薄而出，涌入世界。在海外贸易和海军实力两方面，英国都取得了头号优势，像威尼斯那样得惠于两个彼此互动的因素：它的海岛位置与落到它手中的新角色，即两个世界之间的中介角色。不同于大陆强国，英国能将自己未分割的力量投向海洋；不同于它的荷兰竞争者，英国不必调兵遣将到一条陆上阵线；而且，在规模和活力方面凌驾于它的竞争对手之上，不再必须与严重的国内危险作斗争。因此，是英国取得了成为世界强国的资格，而且尽管有荷兰的缓慢衰落，海洋原理仍在大陆原理旁边达到了一个新的力量层级。

诚然，王朝复辟将不确定性再度带入英国对外政策，因为大体上最后两个斯图亚特国王像头两个那样，几乎全不懂他们国家的海岛精神。可是，他们的大陆倾向虽然注定要搞塌他们自己的王位，却无法使这个民族的海洋志向离弃已被选定的道路。 [71]

路易十四

斯图亚特王朝复辟后一年，路易十四将政府缰绳拿到他自己手里。西班牙被抬举到高峰的一个世纪之后，法国权势开始崛起。

在此，我将举出新的求霸斗争中的一些因素，它们侧重于在结构上的前后相似，似于先前经历的一次和以后来临的一次：总是相同，多少有别（eadem sed aliter）。

拿路易十四的前景与腓力二世的相比将特别有启发，因为这两位统治者不仅追求相似的目的，而且以相似的手段。他们的王国都属于军事—官僚大陆强国范畴。

首先看外部形势，显然法国的初始大陆地位远比西班牙的低，且不说它们各自的海外情势，那全不可相比。前一个世纪里，分裂趋向大跃进；它的进展标志有海军强国、法国本身和瑞典的崛起，神圣罗马帝国的愈益解体，还有西班牙的衰落。现在要推进统一趋向，面对这大为多样化的国家阵列，是一桩困难得多的事业，远甚于在国际体系的初始岁月。

然而，甚至当我们审视法国的内部资源时，我们也发觉它处境不利：它没有反宗教改革之类普世精神的力量可供调动，那在 16 世纪一向作为西班牙能量的一个激发因素起作用，并且将它的朋友招入阵线，使它的敌人惶恐不安。事实上，中世纪的普世观念失去了它们对政治实体构建的影响。

然而，新的法国丰饶地赋有特殊种类的种种潜能。西班牙的领地一向四处分散，互相隔开，法国的疆土则紧密连接，同类同质，拥有内部交通线和相当于西班牙本部的两倍人口。搏动于法国通体的是一种世俗和能动的活力，那被集中于加强本民族君主政体的权势和荣光，使法国天主教会成为政治权力的一个工具，并且遵循自法兰西斯一世以来被培育的一个传统，不避与土耳其人或异端结盟。这干劲给法国经济注入了一种西班牙体系从未能产生过的生命力。西班牙的矿场财富对西班牙有什么用？柯尔贝尔从西班牙的对手荷兰那里学会了积聚财富的现代方法。荷兰的新的经济活动形态从海洋根源迅速成长起来，将被移植到法国，依凭仔细的规划，伴有从上嫁接在经济上的官僚机器的帮助。 [73]

第一次，以合理化了的精力，一个欧陆国度开始与一个海军强国竞争。与岛国人民的自由精神相斗，法国拿出国家规制下它的人力的全部分量。它用权势资源获取繁荣，不是作为一个独立的目的，而是作为增进这些权势资源的一个手段。欧洲第一支常备军，这是路易的一个创造，柯尔贝尔按照重商主义方针形成的一套征税制度是这支常备军的基础。然而，这敛财体系计划内的一个根本要点是海外扩张。法国的殖民冲动以巨大的劲头横插在较老的殖民帝国之间。自法兰西斯一世以来，一向不乏这个方向上的主动作为；的确，法国以它漫长的大西洋海岸，有比西班牙大得多的海洋区域。可是，这个区域首先处在法国与西班牙冲突的阴影下，其地位居于更迫切的大陆关切之下；与此同时，它被国内冲突遮蔽，而且差不多比欧洲中央的其他任何地区更残酷地受宗教战争的伤害。彼时，这两个原因看来已被消除。它们是否会依然如此？

或者，它们是不是法国国家的性质内在固有的？

起初，这个在其年轻君主治下重新振兴的国家满怀无限的自信，满怀颇为一致的民族实力感，那很可以充作西班牙人传教热忱的一种替代。而且，如果说法国在自己步入世界政治舞台的时候，未与任何具有确实普世的感召力的精神力量携手，那么它的民族精神荣光产生了一种不认边界的吸引力。法国正在迈进它的宏伟世纪（grand siècle）。有机[74] 会之神朝它微笑，谁能预言什么限制会被加诸于它的权势？

路易的首项好战行动针对西班牙。以他的固执的骄傲，他从不否认继承了他母亲一方的西班牙血统。从一开始，他就骄傲地宣称之，当作他的当然资格去占据这个世界上的天主教陛下位置。已经可以预料，西班牙王位上的最后一位哈布斯堡成员将无嗣而亡。那一时刻到来时，法国必须足够强大，通过将西班牙遗产的最重要部分添加进来而决定性地扩大它自己的基础，并且如此形成历史的一个转折点，就像那么多权杖由查理五世统一掌握曾代表的。此乃长期目标。与此同时，路易必须紧跟他的败敌，并且为追求培育已久的种种趋向而以突然进击去前推他的东部边疆，为此损害哈布斯堡西班牙、德意志分支和神圣罗马帝国。

然而，路易入侵西属尼德兰只取得了有限成功。是外交而非军事抵抗制住了他。

路易的行动作先导的权势转移构成了对1588年以来总体均势的首次威胁；由此，欧洲国际体系内的事态重新取得了就该体制延续而言的极端重要性。海洋强国已那么久地坚持背对欧陆，而且正在二度彼此逐力相斗，现在却搁置它们的歧异，共同转身面对正在兴起的支配性强权，迫使它忍让对待它的前任。因为，荷兰早就不再将西属尼德兰视为入侵它的领土的一个出击港；相反，它将西属尼德兰认作一个前沿缓冲区。同样，在每个有远见的人看来，对荷兰的任何威胁也危及英国的[75] 显著利益。从腓力时期直到体系坍塌，尼德兰始终是它的风暴中心。斯凯尔特河和莱茵河三角洲是世界统治的关键，而路易在力图夺取之。他贯彻他的宏大欧陆计划的头一个步骤导致他与海洋强国的利益冲突；而且，他未能预见到这冲突，之后，他发誓报复。

在海洋战区，也有一场冲突即将到来。重商主义法国有它自己的特殊原因要"毁灭迦太基"。它想成为贸易和殖民事务上它的老师的继承人。柯尔贝尔急忙去建造一支强大的海军。

于是，荷兰因为作为和平缔造者行事，成了下一场战争的目标；而且，像在腓力的时候那样，欧洲国际体系的自由将与尼德兰的自由共存亡。

然而，只有依凭外交准备，荷兰才能被软化得适于攻击。分而治之（Divide et impera）。虽然法国拥有相对于荷兰的六倍人口优势，但路易不把两个为挫败它而适才联合起来的海军强国分开，他就不能希望孤立和扫除荷兰，更不用说荷兰人怎样一直忽视自己的陆上军备。摧毁荷兰将构成一场既在大陆也在海域的胜利，因为长远来说，一旦法国有荷兰的海上潜力任其使用，大概即使英国也无法与法国的海外扩张较量。

不大可能的事发生了。法国外交分化了海军强国，而且不仅如此，它还设法与英国人组成了一个同盟去反对荷兰人。两项环境在这方面帮助了它。第一，英吉利海峡对岸的公众舆论尚未充分认识到那么突然地从法国浮现出来的危险，未能明了敌友角色正在转换；一个商业竞争[76]对手在第三次战争中轻易被毁的前景有其吸引力。第二，路易的秘密王牌——斯图亚特国王本人已被拉入网中；他不仅被一项希望腐化，即希望为他的作为专制君主行使统治和将本国天主教化的计划觅得支持，还受了即刻到来的法国津贴贿赂。一项古怪的并列：在欧洲大陆的一位君主，他是国家的创造者和枢纽；在英伦海岛的一位国王，他已成为该国真正和固有的未来的最危险敌人，该国的自由权和独立的最危险敌人。

于是，路易希冀一箭双雕，同时剪除两个海军强国：公然战争击灭荷兰，秘密同盟毁掉英国。然而，他无法实现标志成功的突破。即使在孤立之中，荷兰也证明强得足以击退突然袭击。发觉自己遭到背弃和面对灭亡的威胁，这个两栖国家靠掘开堤坝引洪救助来捍卫它的陆上阵地。在海上，它的英勇的海军挡住了攻击者们的联合舰队。然而，这个共和国的实际救星是一位奥兰治亲王，恰如奥兰治家族的一名成员先前是它的共同创立者。该家族每逢陆上前线处于危险便大显身手。富豪们履行不了任务，缰绳从他们掌中被扯夺过来，虽然这共和国未转变成一个君主国。联省议会照旧是个椭圆，有两个极点，而奥兰治家族出于爱国，接受了这模棱两可的状态。路易徒劳地尝试引诱 22 岁的威廉。这位亲王不是斯图亚特，不准备为交换一个小邦的最高统治权而放弃本国的自由。

[77]　因而，荷兰英勇地挺过了一类惊惶，那每每发生在岛国的历史上，每逢其海岛完整性突然被置于危险境地。很可能，荷兰仅靠自己，本将极少可能无限期地抵抗下去，就像尼德兰在一个世纪以前那样。然而，幸运光临大胆者（fortes fortuna adjuvat）：英国的公众舆论知晓了形势，国会坚持必须和谈，荷兰遂暂时得救。

然而，我们可以问：荷兰人的坚定勇敢从何而来？他们勉强设法制止了法国人汹涌淹没整个欧洲。无疑，他们的力量来自那将该国与海外地域联结起来的纽带。作为新的跨洋领地精神的一个提倡者，荷兰能够再一次召唤起这力量，成就一桩历史意义重大的最后功绩。

可是，现在一种新的典型状态兴起。法国在败给海洋强国之后，像它以前的腓力二世与后来的拿破仑和希特勒那样，将它的未经破毁的能量转向大陆内地，而且即使是哈布斯堡家族两支、神圣罗马帝国和它的某些邦主匆忙结成的联盟，也无法有效地抵抗路易的拥有装备优势的常备军。不仅如此，土耳其，法兰西斯一世的老盟友，再现于场景，皇帝发觉自己暴露在同时来自东西两侧的压力面前。面对路易挑衅性地侵害古老的财产权，欧洲被一种虚弱无力感压倒，全然无助地眼睁睁看着法国边疆被系统地往东推进。与此同时，法国还继续其海外扩张。太阳王像只孔雀似的展开羽毛，享受一个接一个胜利，而且他的狂妄（hubris）和权势感每每随之增长，甚至快过他的权势本身。

难道他不可能有一天试图重新扑向荷兰的喉咙？为更好地跳跃而退后（Reculer pour mieux sauter）？谁能讲出以其富豪式的肥大多脂，荷兰能否做出又一番英勇努力？在腓力的时候，它只是因为英国的实际干涉才得救。 [78]

从长远观点看，国际体系的未来无疑取决于英国。假如斯图亚特依然掌权，耗减该国的独立与其国内自由，国际体系将丧失，连同与它一起的英伦海岛的未来。尽管有国会内和遍布全国的愈益增强的抵抗，全不确定公众舆论是否会认识到当时欧陆形势的紧迫，或该国是否会产生有远见和有行动能力的新领导。

对国际体系来说幸运的是，欧洲的天赋现在变得体现在一个人身上，这个人升华到超越单独一国的自私自利，为受法国威胁的所有国家规划和劳作。在宏大的求霸斗争的过程中，被威胁各方中间的团结意识一次又一次地拆掉了由它们的特殊利益筑起的壁垒，但或许从未像体现在奥兰治亲王威廉个人那里那么完全彻底。不能像一名君主那样在荷兰统治，他成了一位欧洲国务家。他用灵巧和耐心的手，一根线又一根线地编织了一个灵活的网罗，在其中太阳王——因自己的权势光芒而目眩眼花——将被搞得精疲力竭。威廉的精致的外交已经在大陆取得重要成功。1588 年往后变得越来越频繁的领土分裂，给缔造种种联盟提供了更宽广的天地，这甚于一百年前可能达到的。然而，只要不经彼此结合的海洋强国的黄金加固，它们的结构就依然脆弱。只有在较大的伦敦舞台上，威廉才能够发挥他作为历史上第一个大规模合围的组织者的作用，那种作用他在较小的海牙舞台上创造过。 [79]

多么有讽刺性：所有人当中，被国会两党召唤来登上英国王位的竟是一名奥兰治亲王。难道克伦威尔不已设法将奥兰治亲王全都排除在他们本国的一切官职之外，以便削弱荷兰？然而，同一个克伦威尔也已设想在两个海军强国之间构设一个联合政体。就此而言，他的希望现在由光荣革命实现。并非对外政策考虑在引发这次革命上有头号重要性。然而，与国内权力斗争交织，它们是促成因素；而且，紧张的这两个来源都由宗教问题激化，那来得虽晚，却在海峡以北更久地保持了它的重要性，甚于在南方远处。废除南特敕令在新教徒中将造就一种敌意，那与腓力时期的流行情绪相似；詹姆士二世放肆，与法国结盟着手引进天主教和专制统治，从而加剧了公众的一致愤慨。威廉本人以冷静的宽容行事。作为一名欧洲外交家，他成功地争取到了帮助，不仅是哈布斯堡的，而且甚至是教皇的。在英国，他利用宗教情感浪潮，以精湛的速度行事，去获得对整个国家的控制。这位外国亲王由他在荷兰的经验熏陶，懂得斯图亚特君主从未把握的某种东西，即君主制在英国的真正位置。他越清楚地评估公众舆论的作用，他对事态的实际影响就变得越大。

在宽泛的轮廓上，英国作为一个海洋民族的特征已最终定形。越过 [80] 最后一批急流后，它的历史便稳稳往下奔淌，历经数个世纪。贵族可以继续是统治阶级，但这个岛国的贵族是那么多样地与全国生活交织，特别是与其资本主义经济的拥护者交织，以致贵族的支配性影响保证了事务操作有一种良性平衡的基调。

路易不是第一个也将不是最后一个错误估计了英国人民的大陆统治者。他关于英国的知识局限在圣詹姆士宫廷，而且在他可能仍可以这么做的时候，他失去了制止威廉事业的机会。围绕他的网罗被拉得更紧，同时他的大陆对手的战斗实力被加强，因为有来自两个海军强国的海外富源的种种津贴。鲜血和黄金造就共同事业。与孤立的荷兰先前那样相比，英荷两国合起来远更难以克服。冲破前面的荷兰堤坝不再够了，它身后更强大的英国堤坝横亘在法国洪水的奔涌道上。海军强国联盟内的领导权传给了英国，而在个人联合体的景象后面，荷兰失去了它的大国地位。

路易当时有如他前面的腓力，被迫加大赌注。除了登陆英国——缺乏部队的一个岛国——和复辟斯图亚特王朝，有什么可以帮他。然而，路易在拉荷格的败北像是重演了腓力的无敌舰队在英吉利海峡的惨败。又一次，头号大陆强国的海军证明不如纯海洋国家的海军。法国海员的效率可以远优于西班牙人，正如柯尔贝尔的重商主义远优于西班牙的贵金属政策；但是，一种灾难性的不协调困住了法国的规划，往下移置到细节本身。大陆法国的灵魂与海洋法国的灵魂不会融合为一。根本上，[81]路易不懂海洋；而且，他的内阁发给他的海军将领们的指令导致了他的战斗舰队加速崩塌。

有如腓力，路易没有条件建造一支新海军。他的大王国——现在缠在威廉网中，虽有它的合理的重商主义政策，但不可挽回地继续凋敝。因为国王对虚饰铺张的非理性挚爱——表现了这位愈益年迈的君主的愈益狂妄，凋敝加速。这狂妄作为一种职业病将再度抬头，在行将到来的求霸斗争中威胁诸位大王。哈布斯堡君主曾靠他们的禁欲主义虔诚免于其害；然而，由于这虔诚的普世要求，他们的政策一样被推向极端。

如果说法国在拉荷格海战中明显地过了它的鼎盛巅峰，那么它的衰落是逐步而来，有如先前的西班牙。由于英国满足于自己的海上防御性胜利，在路易的第三场战争期间仍坚持孤处于大陆之外，路易便设法保住他的大部分欧陆属地。

接着，一项外部事件导致法国正在衰颓的实力再度急剧回升。那大机会——它四十年里一直是路易思慕的——以最诱人的形态几乎意外地出现在这位年老的国王眼前。在其西班牙表兄弟的遗嘱里，路易的孙子被指定为大洋两岸西班牙领地的继承人：一个既在大陆领域也在海洋领域的令人陶醉的前景。往昔岁月的一切警告都被忘怀或被误解了。路易盲人瞎马般地冲入诱景，很快就发觉自己再度——这次更深——缠身于[82] 欧洲大联盟罗网，那再度由英国的金钱外交调度。伴随海军强国的崛起，16 世纪初的那些日子一去不返，当时欧洲体系尚不能阻止多顶王冠积聚在查理五世头上。拉荷格海战以来，路易在自己的外行领域挑战海军强国的希望也一去不返。他被迫在陆上打西班牙继承战争，与此同时远在海上英国战舰游弋巡航，就此无人谈论，但它们的行动抵消了许多荣耀的陆上胜利。

这次，英国的贡献不限于舰队行动。15 世纪以来头一遭，它将一支规模可观的陆军投入天平，不再为了在英吉利海峡彼岸进行征服的目的，像克伦威尔依然梦想去做的那样，而是为了贯彻一种精明合理的海军政策。如果法国继续强得足以吞并西班牙，这政策的目的就会被破坏。因为，如果竟发生这种情况，它就可能试图在和约谈判中索取西班牙海外领土上的一个立足地，然后不让它的对手染指这些领土。征服这巨大的殖民帝国板块超出英国的能力所及，尽管英国控制海洋。因此，这一次，它发觉自己不仅须以津贴支持自己的大陆盟友，而且须派一支远征军去加强它们，这远征军还将使英国处于一种控制它们行动的地位。英国将一个人置于这军队之首，此人以战争为工具继续威廉的外交工作。正如威廉创造了联盟国务家的原型，马尔博罗肇始了联盟司令官的原型。他证明自己是个协调所有资源的大师，无论它们是在海上还是在陆上，是在外交领域还是在军事领域。在 1710 年政府变换导致他下[83] 台时，法国的抵抗已被彻底击破。

完全消灭法国不会使英国得利；英国对支配性的波旁强权作战不是为了替奥地利恢复哈布斯堡霸权。当英国创立和控制的联盟达到了目的时，它就冷冷地将它扯碎。不止一次，背信弃义的英国佬，将自己安置在本国海岛和拥有长长杠杆的英国佬，以一种冷酷无情对待盟友，那本将毁了一个大陆国家的威望。在那关头，它与路易讨价还价，单独媾和，后者凭自己最后一点实力，顽强和成功地护卫了他自己和他本国的尊荣。一个已追逐霸权的国家，其衰颓总是显出种种标记，表征一种暗淡的宏伟庄严，以配对于它先前胜利的辉煌和狂妄。

皇帝和神圣罗马帝国不得不将就英国创造的局势，在其中尽量做好。说到底，这两者都不过是附属力量。

虽然和约承认波旁亲王为西班牙国王，但它解除了海军强国的最大忧惧，即法国的重商主义精神将浸透西班牙殖民地；欧洲均势体系中的有远见的新平衡保障了一点，即和约就此做的狡黠的规定将得到遵守。由于西班牙属地的分布，分裂欧陆的进程甚至被推进得更远。撒丁和普鲁士这两个新王国的兴起表征了这事态发展。比利牛斯山脉两边的波旁家族丧失了那么多力量，以致即使它们被完全合而为一，也无法重启路易十四的事业。另一方面，遥远的奥地利没有获得近乎足够的实力去争取霸权。虽然它勉强取得西属尼德兰作为一块飞地，送它进入海洋区，[84]但它将永不被允许施行一种有效的海洋政策。凭占领尼德兰，奥地利只是在作为一名哨兵起作用，为海军强国监察法国。甚至它取得西班牙在意大利的附属领地也便利了英国渗入地中海。在这些海岸，英国海军现在设置了它的强有力的岗哨。这里像其他地方一样，英国的目的是阻止任何强国未来突破它正在欧陆周围划出的环线，从而追求霸权。

对英国来说，海军强国照旧是其保障者的欧洲均势，并非一个独立的目的，而只是它的跨海霸权的先决条件。自伊丽莎白时期以来，这个海岛的力量根源就在那里，当时英国本身不拥有哪怕一平方英尺海外陆地。也是在那里，它的领土扩张现在迈出了愈益有力的步伐。

仿效荷兰人的帝国主义实践确立的模式，英国建立据点和海军基地，特别在东印度和西印度群岛。在后一地区，这些站点还起了走私者与美洲大陆西班牙殖民地贸易的基地作用。英国太弱，无力靠军事征服夺取这些殖民地，但乌特勒支和约给了它靠合法手段和——更有甚者——非法手段在商业上渗透它们的途径。英国为自己确保了它恰恰已阻止法国得到的东西。

英国对葡萄牙殖民帝国的渗透更显著。葡萄牙是西班牙的天敌，当西班牙成为波旁领地时，葡萄牙将法国保护换成英国保护，并一直处于 [85] 这种保护之下。英国在将荷兰的海上力量拖在身后的同时，默然继承了葡萄牙的海上力量。海上霸权与陆上统治相比，能够不那么显著地得到延展。

然而，英国不满足于一种商业殖民政策。它开始以西班牙的方式累积大殖民领地。它在海上力量方面强于它的任何大陆竞争对手，它还有盖过它们全体的一项追加优势：它的海上力量的基础比威尼斯人甚或荷兰人的宽广得多。不仅如此，英国是西方世界的早已有之的大民族国家之一，而且以自己是一个高度多样化的社会引以为豪。与荷兰不同，它并非专门搞航运和商业。它的经济建立在宽广的农业基础上，支撑相当于荷兰三倍的人口。与各大陆民族相反，英国人未陷入激烈的生存斗争，因而这剩余力量能被转入对外移民。

英国费了长时间才认识到自己的王牌。在海洋世界，社会往往先于政府采取主动。我们已经就英国海上力量的发展看到了这一点，那由"商业冒险家公司"和海盗培育。与此相似，在 17 世纪，独立于国家、而且几乎与之对立的私人主动性开启了向北美移民的第一波大潮。持大陆眼界的头几位斯图亚特国王只是容忍这波浪潮。假如他们像自己仿效的海峡对面的专制君主一样强势，他们本来会对其采取限制。因为，登上移民船的人们是国内反对派成员，而且——经有必要的变化（mutatis mutandis）——在后继的革命政权下依然如此。

[86] 因而，从一开始，一种反对精神就在遥远的大洋彼岸扎根，那是移

居者方面不受拘束的强烈欲望，要形成一种他们自己样式的教会生活和政治生活。经济考虑居次要地位。吸引那里的移居者的不是当时殖民经济中一般被开发利用的富源。北美要求在严酷的气候中艰苦劳作。商人和冒险家并非唯一航行到新大陆的人。自由这磁石吸引了所有各阶级的成员。被创造出来的不仅是一串沿海岸散布的、联系松弛的殖民地，而是一个有新生活方式的新民族。（可以让人想起中世纪时在一条广阔的线上越过易北河前推的日耳曼人：那里，尾随皇帝的官方政策，也有一个具备新生活方式的新民族诞生。）不需要多少国家规划，一点儿大洋气息就激活了种种天然力量，它们在 17 世纪培育了殖民化，就像它们在 16 世纪有利于航运那样。

在西班牙继承战争中，英国殖民地开始介入与法国人定居地的地方性摩擦。正在欧洲一决雌雄的大陆生活方式与海岛生活方式之间的冲突投射进新世界领地。

北美的这些法国人定居地不同于英国殖民地。它们出自一种国家规划和国家控制的殖民政策，那与母国实行的权势政策的大轮廓紧密整合。它们与其盎格鲁—撒克逊邻居有别，如同井井有条的巴洛克花园与散漫无章的英格兰公园有别。

不是说法国的宏大海洋区缺乏敦促殖民化的当地自发力量，也不是说宗教战争期间的内部动乱没有提供向外移民的刺激。然而，这些力量和刺激在大陆气候里未曾兴旺，不像它们在海岛空气里那样。路易十四 [87] 的专制政权容不了它们。

可是，它确实拥有一种特殊种类的能力去发展殖民领地。西班牙人已经显示，一个大陆权势国家能够攻取和组织海外大陆殖民地。经商航海的葡萄牙人在处理他们巴西殖民地的种植园经济时，表现了一种令人印象不那么深刻的才能。荷兰人则一无所示：他们一度攫取了巴西，但不能保有它。要这么做，他们本将需要一支陆军，还有奥兰治亲王的可疑的援助。

事实上，法国以精巧的方式运用了西班牙人的方法，靠柯尔贝尔从荷兰人那里学到的重商主义做法将它们完美化了。他懂得如何行使他的军事官僚权势工具，以便在囊括一个个大地区的推进中突入大陆纵深。分散的英国人定居地只是往西逐渐获得地盘。法国有如西班牙，精于操纵土著人：她的猎手和商人是他们的好朋友，而英国农夫却是他们的天敌。法国同样以西班牙方式，谋取天主教会的襄助，以此加强它与印第安人的关系。更有甚者，法国的专制方法和牢固控制保证了移民的持久忠诚，而且能将他们被规制了的人力有效地用于军事目的。

[88] 如果说海上强国征服伊比利亚殖民地的所有计划都失败了，那么为何英国关于法国殖民地的计划却未遭受同样的命运？首先，伊比利亚国家，16世纪的海洋霸主，一直能不慌不忙地稳步巩固它们的海外属地，因为一小群移民就足以改造数量众多但柔顺易驯的土著人口。然而，在幅员巨大、人口稀少的北美各地区，只有凛冽活跃的移民行动才能使法国殖民地自保无虞，特别是因为母国从拉荷格海战往后一直在丧失对海上交通的控制。

这一点向我们显示了法国体制的弊端。英国对外移民来自反对派行列，路易——他宣告他使自己的王国成为天主教的可不是为了将他的殖民地出让给异端——却不允许胡格诺教徒对外移民。鉴于法国人通常不愿离别他们的本土，而且只能期望在彼岸见到同样的专制主义社会、政治和教会生活形态，因此，未曾有任何大规模移民。1700年左右，英国移居地已经包容25万白人人口，法国殖民地却无法夸口达到此数的十分之一，虽然它俩是大约同时诞生的。

鉴于此类就地的力量对比，乌特勒支和约关于美洲殖民地的规定仅自然地反映了法国的衰落。英国人能够经加拿大沿海地区散布开来，使腹地与法国之间的未来交通变得更加艰难。然而尽管如此，法国人依然地位够强，扎根够深，使他们能在一个合适的时候起而再战。在新世界如同在欧洲，法国权势浪潮缓慢低落。　　　　　　　　　　　　　　［89］

　　总的来说，欧洲国际体系以大得多的安全余地经受住了它的第三次考验，这超过它遭遇前两次挑战时所曾有过的安全余地。路易十四在其统一化的求霸冲动中，从未有一刻能像两位哈布斯堡大君主一样那么严重地威胁欧洲自由。分裂化趋向对这冲动越是显著地占上风，它就越是傲慢地遭到太阳王竞斗。在 17 世纪末如同在 16 世纪结束时，海洋强国已证明是这分裂化趋向的砥柱，是霸权趋向的制衡力和大对手。然而，它们由于自身的根本性质，免于受追求欧洲霸权的诱惑。尽管如此，在海洋领域仍生成了一种力量集中，那与大陆上的分崩离析截然相反。英国越来越多地继承了它的前驱们在大西洋的海军威望。它逐渐承接了两大陆上强国西班牙和法国连同两个海洋强国葡萄牙和荷兰的声誉。这部分地出自英国的海岛位置，它允许英国将自己的全部力量集中在海上。与此同时，且最重要，这一事态发展归因于新的海外地域的发现，它们将两个世界之间的中介这伟大作用赋予这个海岛。

　　这中介作用是全体系框架之中海权的非凡重要性的根本基础。无敌舰队败北后，该体系沿以发展的路线一直神秘地受海外因素影响。体系自由与海外扩张具有一种彼此互为因果的关系。　　　　　　　　　［90］

第三章
国际体系：直至拿破仑求霸努力的破灭

\ 三大"世界强国"：直至法国大革命 \

\ 法国大革命和拿破仑一世 \

三大“世界强国”：直至法国大革命

不仅海外地域，东面的大陆地域也一直地有利于维持体系的平衡。当然，那里全无任何西方扩张问题，全无征服和移民问题。确切地说，有的是东部列强的往西推进。然而，为了取得成功，它们试图被接纳进西方世界的外交纵横捭阖，使它们作为边缘角色被纳入其体系。为了仅在军事领域得到平等地位，它们尽力迈步，争取多少改造自己以适合西方文明。

我已谈论过土耳其人。经与法国结盟被拖入体系，他们首先在调整查理五世之下的平衡方面起了显要作用。他们不再起这作用，主要因为 [93] 海上强国成了任何霸权追求国的制衡者，但也因为土耳其人自己的讨价还价实力迅速崩溃。在改造自己以适合西方的进程中，他们从未超出肤浅借用军事技术的地步。

俄国人，他们的敌人和后继者，在每个方面都远高过他们。

在西方，权势从大陆中央移往大西洋海岸，被有如磁石的各海外区域的巨大广袤吸引，而在东方，权势却被有如磁石的大陆本身那大洋般的巨大广袤吸引。甚至在德意志历史的框架里，我们也看到这种现象。

东部土地未经政治权势填充饱和，提供了更佳的扩张可能性，优于支离破碎的神圣罗马帝国。这德意志权势转移在哈布斯堡国内臻至巅峰，它将对土耳其人的战斗视为西方化使命。德意志人像被切割而阻绝于大洋之外，或可在这使命里找到大规模陆上扩张的广阔天地，然而权势被吸引得越过德意志，抵达更东面的地点。虽然松散结合的波兰国家以其羸弱的族裔核心，并未注定成为一个竞争对手，但俄国却不一样，其注定是一个竞争对手。这个生气勃勃的民族发现自己有机会在所有方向上不受阻绝地成长壮大。不像土耳其人，俄国人在族裔和心理两方面都是西方各民族的远亲，而这亲属关系成了同化的大潜能的源泉。这些可以由起初经雅各布·布克哈特提示的一个类似得到彰显，即俄国类似马其顿，彼得大帝类似腓力。

[94]　　马其顿是个没有入海通道的国度，建于巴尔干的广袤陆域之内，居民是希腊人的远亲。作为面积约 32000 平方英里的一个君主国，它在特性和规模等级上都有别于希腊国际体系的城邦（poleis），后者在地理及文化上是精细地个性化的。腓力有力地将他的人民转向这个国际体系，亦即转向海洋。他，一个半蛮夷，成了希腊人的热忱门徒，结果是在智谋和权势上盖过他的老师。他那疾速的权势崛起的秘密，在于他强制地将悠久成熟的希腊文化嫁接到一个年轻的、可教育的民族身上。在此过程中，希腊文化被程式化为泛希腊文明；规模变得更大，但创造力的根子在异族土地上恶化。

类似的性质可见于俄国的外在面相。它的物质维度和地理统一与高度缜密、错综复杂的欧洲大半岛相反。掌控遥远的距离变得较为容易，因为有未被高山峻岭隔开的各个大河系统。在此，有建立一个河流帝国所需的空间，该帝国可与美索不达米亚和尼罗河谷的古代帝国媲美。河流和马匹提供了足够的凝聚。在此，土地没有像在西方有的那种施约束、助个性和促散布的效力；米尔村社（mir）的俄国农民不附着于一小块田地。殖民性移民赋予他一种广阔延展的眼界，而西方心灵总是密集地思考。政治上，此乃放肆无羁的专制主义的天然故乡，它建在拜占庭和东方的基石之上，是一种被伊凡雷帝硬化到非凡的严苛地步的专制主义。与西方的联系无足轻重。年轻的莱布尼茨仍以同样的口吻谈论俄国、波斯和埃塞俄比亚，甚至会将这未被知晓的帝国称作"老土耳其"。[95]

接着来了俄国的"腓力"，他一劳永逸地将该国的脸庞转向海洋，转向欧洲各国。彼得是西方文化的赞美者，在同一个实用意义上有如马其顿的腓力是希腊文化的赞美者。通过一种恐怖统治，他将欧洲的每一种技艺加诸于他的人民：海战和陆战技艺、经济技艺、行政管理技艺。他将借自西方的方法与忍耐和可塑的东方人类材料之精神结合起来，与一个专制的东方政权的传统结合起来。由此创造的爆发性混合，是他的政权的根本秘密，令俄国权势骤然飙升。

这权势带有文明的标志，其程度是在西方世界原本尚不可能的。那里，伴随宗教纽带的松弛，靠理性方法去为权势而获取权势的趋向也越来越显赫浮现，而这经恰当理解乃是文明的公约数。从斯宾格勒以来，我们已变得明白这一点：一种文化的后期给总是存在的文明提供愈益增大的天地，直到后者夺得对宗教、艺术和科学中的绝对精神的控制。然而，对俄国的研究如同对马其顿的研究，表明这事态发展在巨大的外围地域进展得更快，快过在中心地域。文化上落后的边缘地区是这类发展在其上最兴旺繁茂的土壤；每逢巨大规模和能动活力变得比十足完美更重要的时候，不利可以转变为有利。

甚至在彼得以前，俄国就规模够大，人口够多，足以提供数量上的先决条件，以成就一个具有文明特征的强国。可是，这个条件要变成现实，俄国就需有一位创造性的统治者，他将挣脱许多本土传统，而不允许外国传统淹没他；这个统治者将按照它们在赋予他权势上的有用性来评新估旧，并且无情地使新旧两者契合这一目的，而不管它们原初的绝 [96]

对精神。在一个早先阶段上,彼得使用外国人担任身边左右,将自己从本土信念和传统解放出来,内心遗弃俄国文化基质,而且在这么做时拆毁了种种本可能妨碍他的权势意志的羁绊。因此,他成了一个全新的俄国的缔造者,并且在此范围内成了一位历史显要人物,那是业已巩固的西方早就不再产生的。他,只有他,才是一个枢纽,在其上俄罗斯帝国的命运从东方摆荡到西方,从一种沉入冷漠、孤立、外国统治和专制主义的文化摆荡到一种有世界范围的接触和权势的文明。

一步接一步,新的被树立,旧的被拆除,每一步迈进都规定了另一步。

势所必然,新的不得不源于权势中心,亦即源于陆军和海军。海军军备是个创新,因而拆旧问题没有出在这个领域。将重点移向海洋虽已由彼得的前任们规划,但由他首次付诸实施。这是他的思维的核心,满怀激情的设想的核心。只有依靠将这设想变成现实,在南面或在北面,他才能够希冀接近西方,取得平等地位,渗入体系的纵横捭阖模式,在其中取得一席之地——换言之,将他的国家与西方文明潮流连接起来,并在一个宏大的规模上唤起俄国巨人的潜力。他的新首都将成为北方的[97] 阿姆斯特丹。他使自己熟悉海军强国的所有技艺,从造船到商业。可是,他不能也不会接纳它们的体制的开明精神,它们的人类自由:这样的东西,在他作为专制者去统治的那个内陆帝国,将会像毒药一般起作用。

然而,在与瑞典人的战争中,陆上武装证明比海军军备重要得多。敌人是彼得的严酷老师:新的战争工具在战火本身中得到锻造,现代俄罗斯军事国家的至今未被撼动的基础在战役间奠定。耐心、经即时操练、可易被替换和不怕死的东方人力证明是绝好的材料,用以从事那些岁月里的机械刻板的战术。贵族之子被培养成军官。由此,一件顺从的武器被置于最高统帅手中,那是一部人类工具在其中被结合在一起的机器,这些人被割离了传统纽带,将服从其君主的意志视为自己的最高责任。

然而，没有某种摧毁，这构建过程就不能发生。不可靠的旧的斯特雷利茨贵族军团成员惯于携妻带子，在民间舒适中过活度日，转而发动兵变，反对生存的疾风般的新速度，结果遭遇了后来摧毁近卫步兵的同样的命运。由此，旧俄国的种种势力被剥夺了他们的军事武器，敢于反对新方针的反动分子，即使是皇长子本人，可被折磨至死。交汇的官僚化挫钝了反动势力的精神武器。东正教沙皇教权主义（caesaropaptism）——它不是在对德意志新教状况盲然无知的情况下演化而来——赋予沙皇一种对其臣民的生活和灵魂的权力集中，那是天主教大君主们无法取得的。彼得将本土宗教组织建入他的体制，作为旧时 [98] 代与新世代之间的一座有用的桥梁。这必不可免地损害了真正的宗教精神，即损害了基督教文化的根基，因而损害了文明的真正对极。牧首制被官僚化的圣会团（College of the Holy Synod）取代，这便利和掩饰了新的人类工具制造。还有，国家教育凡在其肇始可觅之处，都以同一个方向更有效地运作。新人不仅军队需要，而且服务于军队的、膨胀着的官僚机器上下各处都需要。官僚机器以一种密集收税的体系为手段，创造了必要的财政基础。

在确立他的官僚机器和军队时，彼得当然从西方的专制主义国家学到了许多。然而在此，与他在学习海岛世界时的经历相反，他还密切接触这楷模的精神实质。西方专制和东方独裁都是大陆权势国家的表现，而且在获取权势的技艺方面彼此更为相似，甚于它们各自类于海洋国家。虽然西方君主制国家在发展黩武主义和官僚机器方面早了两百年，彼得的国家却青出于蓝而不亚于蓝。它在一块巨大的白板上将它们的经验付诸实用，而且既能维持本土专制主义的能动冲劲，又逐退本土的反动势力。这体系以一种方式类似于西方权势国家的体系，那多少等同于波罗的海地区巨大的砖砌教堂有如它们的法国楷模：波罗的海版简化和强化了法国原型，但显示出它自己的奇异的亚洲特性。

[99]　　　尽管这暴烈的人为合成突然成功，可是这突然本身以内部紧张为代价换得，因而减小了它的丰饶和坚固性。组装的构造并未完全取代本土的成长。这文明的强加外表——帝国艺术确是个泛希腊化外表——掩盖了被抑制的不满，那出自人民的被激怒了的灵魂。因此，人民与政府之间缺乏天然的和谐，而这和谐在西方国家逢其权势鼎盛时节带来了民族精神的丰饶兴旺。俄罗斯心灵的最大荣光将超脱国家而实现，甚至有时是在与国家对立的情况下实现；而且，一旦西方技艺继之以西方思想，被抑制的不满会寻求释放，不仅通过复旧的爆发，也通过造反的突袭。取代社会从下而来的有机演化，这个帝国将一次又一次地需要来自上面的最高程度的主动，一种仅此才创造了它的过程。扩张冲动将一次又一次地骤然勃发。虽是俄国天性固有，但这冲动由彼得突然转向西方文明而被前所未有地释放出来。

　　　难道这猛冲不是从一开始就构成他的体制的原动力？它不必要地触发了与瑞典的战争；它给各项惊人的即兴应急提供了能量，那在所有挫败之后为胜利铺平了道路。因为这冲动，俄国的内部演化与其对外行为能被紧密交织，交织到一个此后直至法国革命战争为止再也未见的程度。而且，这冲动是如此生气勃勃，以致彼得的国家在摇篮中形成希腊大力神似的伟力之前差不多刚刚诞生。

[100]　　　为理解这个国家对欧洲体系的影响，我们必须考虑它在彼得之前的情势。相对于欧洲，俄国是大陆侧翼强国——确实它本身就是个大陆。它几乎不可能被包抄，就像由于颇为不同的原因，拥有制海权的西方侧翼强国英国几乎不可能被包抄一样。恰如英国能够退入在其海岛上的光辉孤立，俄国能够撤进欧亚低地的大洋似的广袤地域，在那里免受袭击，安然无恙，直到它自己准备好冲出来进攻为止。这一被规定了的大陆地位给予俄国种种有利条件，他们虽然与海岛情势那些截然相反，却

仍然可与之媲美。

在这两个新区域，都进行着一种事态发展，它虽未渗入旧文化世界的意识，却将给它的命运投下一片阴影。在欧洲，血腥的战役无法改变历史潮流的坎坷进程。未来的源泉置身于巨大无垠的外部区域，那里的被别处忽视的事态正在决定它将要采取的方向。尽管如此，虽然北美的各巨大地块将不止一次地易手，西伯利亚却不顾交通原始，或也许正因为交通原始，依然牢牢地依附于母国。因为，在这些与外部世界隔绝的 [101] 区域，域内移民为满足自身需要而全然依赖母国故土，不像前往海外领地的外向移民。他何尝能分离出去？不仅如此，宽广的眼界构成其部分禀性，它在低矮的乌拉尔门槛以外那平坦无奇的广袤土地上得到了实现，后者看来是俄国自身空间的一个延伸。因此，这巨大广袤的地域形成了一种从未面对考验的凝聚力。然而，直到文明的最近阶段招致被拔根迁徙的各族人民去填充它为止，它将依然空无人烟。

在北方，彼得以前的俄罗斯帝国已远伸至北冰洋，但未达到波罗的海畔的任何地点；在南面，它已远伸至高加索，但一直未在任何地方触及黑海。

这么一种形势下，有被保护的后方和侧翼，彼得这伟大的西化者命令他的帝国向西方和暖海扩张，其时正值西方世界为击退路易最后的求霸冲刺而在步入西班牙继承战争之际。此类形势下，一个弱国，弱于年轻的俄罗斯大力神统治的国度，本将被迫作为一名党羽参加这场争斗，从忠于一个强国改换到忠于另一个。然而，从一开始就显示了俄国的态度的是，它令双方都不悦，行驶独立路线。

对它来说，并非霸权问题可以是个无关痛痒的问题。这场冲突的根本性质迫使俄国反对旧大陆的任何统一，那只能起有害于它的作用。一项基本法则在于，西面和东面的外部区域直接或间接地发挥制衡功能，制衡在中心区域的权势集中。然而，路易的星辰已在陨落，在西方争斗

[102] 的后方采取的独立行动与参加一个同盟方阵相比，有望给俄国带来更大的得益。不仅如此，一个同盟在任何情况下都将间接导致法国的削弱。因为，俄国的所有三个可能的对手都可被认为是法国外交构造的支柱：波兰，间或；土耳其和瑞典，近乎通常。因而，用同盟包围这三国，发动军事攻袭打击之，从内部暗中削弱之，是俄国对外政策的主要常态目的。一部分接一部分地仔细操劳，俄国沿其西疆实施一种大规模的运作，类似于法国小规模地在其东疆贯彻的。

这连续的扩张至少导致欧洲国际体系的一种重组，围绕两极的重组，可与 17 世纪中叶兴起了的形势作类比。那时，两个海洋强国围绕一极抱团，两大陆上强国及其追随者则围绕另一极结盟。现在，一环囊括了争夺大西洋的最终的英法之战，而另一环标志了以面对它的各国为代价的俄国扩张。这两个环彼此交叉在德意志。

然而，总的来说，路易十四与拿破仑之间的波谷填有一桩桩复杂和波动的事态，就像在无敌舰队败北与拉荷格海战之间的波谷里发生过的。

当我们从两大侧翼强国的控扼位置上去考虑它的时候，这错综复杂的事态模式就变得显著昭彰。

因而，我将回过头来谈论俄国，谈论它在它西方前沿的三个部分的行事方式。彼得致力于所有这三个部分。

[103] 在南面部分的行动之所以诱人，不仅因为海岸近得诱人，还因为这么一项创举提供了合二为一的可能性，也就是可能将一种现代扩张政策与俄国的宗教使命和它向君士坦丁堡的突进这旧观念结合起来，与此同时使俄国在西方眼里被认可为共同的基督教利益的维护者。然而，这位沙皇不久就放弃了这头一条推进线，因为皇帝鉴于行将到来的西班牙继承战争，拒不加入一个与他的同盟。

因此，决定向北突进。波兰可用作一个盟友，以动手打击瑞典，而且波罗的海海岸提供了更宏大的前景，甚于孤立的黑海。这场掠夺性战争始于俄国兵败纳尔瓦。然而，不久就变得明显，像英国那样，俄国被规定了的大陆地位使之有可能开战败北而终战得胜。彼得实行"为跳得更远而后退"（reculer pour mieux sauter）的原则；他撤入他的帝国的纵深处，在那里表现了一种重组力，那是他的敌人未想到他能有的。当查理十二最终尾随他深入俄国内地时，这位瑞典国王一直在谋求的决战反过来以一场报复不利于他。他突入乌克兰的鲁莽冒险出了大错。严冬在他的英勇的部队中间肆意践踏，后者因其总司令的顽固，且不顾其将领们的劝告，被要求继续作战而不进入冬季营地。依靠将他自己的国度变为荒野，彼得在瑞典人经荒芜和沼泽地形推进的道路上设置了每一种可想象的障碍，而这推进使他们越来越远离自己的基地。俄国人轻而易举地能够替换其数量上更大的损失，与此同时英勇的瑞典军队却损耗日增，直到被一支占优势的俄国野战大军在顽强的波尔塔瓦要塞围城战期间摧毁为止。由于他们的军事和技术能力，战俘绝不是那天由彼得获取的重要战利品。因此，即使是俄国与一个西方强国的首次战争，也将所有实力因素带入博弈，那是这个巨型帝国将在 19 和 20 世纪两场霸权斗争中掌控的。对彼得的帝国来说，波尔塔瓦战役有着无敌舰队败北对海洋英国来说的同样的意义：一个历史新时代的门槛已被成功地跨越。 [104]

对瑞典来说，这场战役是其强国地位结束的开始。这终局的英勇愚蠢带有君主个性的偶然印记。可是，这个性受到极端崇拜的事实并非偶然，如此的终局必不可免。在瑞典的军事君主政体遭到一个规模等级大为不同的军事君主政体对抗那刻，它的命数就已殆尽。然而，查理那骄傲的、承继下来的权势意志全不知放弃；他那爱国的荣誉意识转变成极端的固执，而后者又变得与他的冒险精神缠在一起，难解难分。以其大多数外部领地为代价，瑞典险些无法从失败中拯救其独立；虽然一次又一次地受到内部解体和俄国火山爆发威胁，它最终镇定下来，取得了一种虽然平静但欣欣向荣的生存，有时避离世界政治，有时受其冲突庇护。

[105] 俄国追求波罗的海扩张宏图，看来不愿满足于瑞典领土出让。俄国的影响力在斯德哥尔摩立足，同时它又巩固了自己在哥本哈根的地位；而且，战争期间俄国大军行进跨越了德意志海岸地带之后，和平时期罗曼诺夫王朝婚姻政策接踵而来。最后，归因于俄国春潮，普鲁士攫取了瑞典的波美拉尼亚，且其运气有了一番新上扬。于是在此，东方侧翼强国已开始从事分割大陆领土，其方式恰如其西方对应物。

普鲁士依然由波兰隔开，不与它的被赞誉的俄国恩主相邻；可是，如果它继续它的前推压力，这强有力的恩主就很可能转变成一个敌手。

来自东面的已落到瑞典头上的黑影几乎笼罩了波兰。它的大邻居能挫败它的任何权势复兴。

因此，彼得已经要么敞然撕开，要么暗中破坏了他的进攻性前沿的北部和中部。只是在南部，在土耳其部分，他被迫牺牲掉他的初始得益。

甚至在彼得时期，无论其举止有多欧化，俄国就经常以它在他们浑然无知的广袤亚洲的行动令西方外交家吃惊。因为彼得虽然缠身于欧洲，但没有忘记亚洲；在位末年，他甚至与中国建立了关系，而且从他对波斯混乱的干涉带回了战利品，那不止两个省，还有巴库。

他达到的权势巅峰，特别在他的晚年，或许能用这么一个事实作最有效的衡量：那个时期里，东方侧翼强国首次引起了它的西方对应物的猜疑。英国仅晚近才摆脱对法国霸权的忧虑，现在看到从大陆纵深处隐[106]约浮现出一个新对手，威胁海洋强国在波罗的海的地位，同时还在波斯湾方向上施展压力。在波罗的海，英国立即有力地反应，举起一面盾牌遮护瑞典的病体。一场未来的世界性冲突在这些年里初现征象，尽管只是经遥远的闪电摇曳一烁。随彼得死去，紧张缓解。

一代人以上时间里，他的皇位被无足轻重者或不肖之徒占据，俄国对外政策被诡计和激情遮蔽。然而，仍由弗雷德里克大王不止一次地表达的希望，即这个年轻的强国将像它突然出现的那样突然消失，却不会成真。这神秘莫测的巨型帝国，作为对西方文化世界的一个威胁，依然屹立，仿佛想不到它那笨拙的权势要做何用。

在西方地域，即大西洋地区，事态的重点转移更加明确。我们将从英国的支配地位得到对此的最佳概观。因为，直至七年战争结束，如果我们从全球观点看形势，英国在东西方各自的轨道交织的那个地区运作，已靠纵横捭阖使自己占有了一个不仅凌驾于俄国、也凌驾于德意志诸强的有利地位。对七年战争中的德意志英雄可以有人类恻隐和民族同情，但这决不应扭曲我们对其行为的重要性的看法。

这海岛王国在乌特勒支和会上取得了多么大的成功，变得显著昭彰。1588 年，它险些未能捍卫自己的独立；到 1713 年，它已胜利地推进了谋求欧洲总均势，同时谋求它自己的海外统治权的政策。没有大陆样式的征服，没有大陆意义上的霸权追求，英国历经二十年作为一个低 [107] 姿态的仲裁者行事。这么做时，它甚至起初能利用法国的支持，后者虽精疲力竭，但未受致命伤。可是，对现在乐于放纵、愈益老化的旧制度（ancien régime）社会来说，孤注一掷地去再度展现已经失败了的英勇奋斗全无吸引力。

然而，正如在其颓败之中，腓力三世和腓力四世治下的西班牙仍能做出非同小可的壮举去捍卫自身地位，路易十四治下的法国在其衰落之中也仍能如此。一迄它的实力多少有所恢复，它的野心就立即再度抬头，而且它的对英竞斗意识也是如此。法国能在波兰继承战争中记录下它的首项大成功——在周围世界舒适地享受自由的时候取得的一项惊人成功。虽然它将自己在那遥远的王国的影响丧失给了俄国，但它与查理六世和帝国交战有幸，获得了邻近的洛林——向前突出的莱茵堡垒地段的腹地。与此同时，西班牙波旁将奥地利逐出意大利南部。尽管英国曾试图在乌特勒支杜绝波旁家族两支彼此勾结，但这依然发生了，而且不是最后一次。英国变得更加不安，因为在一场与土耳其人的新战争中，它旧日盟友奥地利的羸弱也变得昭然若揭。

不仅如此，它还发觉有理由对另一个战场感到不安。这个时代里，争夺殖民地的斗争首次作为一个头等问题走到前列。殖民地的重要性有机地不断加大，而欧亚区域断断续续地愈见重要。17 世纪里，战争火花从欧陆跨越大洋闪烁。现在，过程倒转过来，火花从海外领地回溅，

[108] 点燃欧洲国际关系的复杂网络。然而，以此方式在旧世界爆发的战争在新世界产生其最重要结果。问题正在转变。甚至在西班牙继承战争中，对与西属殖民地贸易的关切就已经是作用于海洋强国的主要激励。现在，重商主义和商业第一的法国倡导者受英国新的贸易繁荣景象刺激，甚至超过荷兰繁荣景象曾使他们领受的。在这些随大武装冲突而来的金融投机岁月里，投机狂热从英国跨海延展到大陆。甚至皇帝也试图用他新近获取的尼德兰作为一个平台，以求进入海外贸易。在法国，殖民地前所未有地煽起了公众的想象；而且，对个人利润的贪欲轻而易举地与一种爱国考虑相融合，那就是殖民地财富乃增进国家权势的首要因素。工业和信贷体系尚未扫清法国将在 19 世纪走的发财道路。

每一处的法国殖民地现在都被锁住，锁在与英国殖民地的拼斗中：在北美，在东印度，还有在西印度群岛。摩擦点众多。它们当中最明显的不见于美洲各大殖民地，而是见于小定居地，尤其在西印度群岛。远大于将在北美有的利润，在加勒比地区向人招手，那里一个欣欣向荣的种植园经济与确立不移的走私贸易相交织，后者是在加勒比群岛与大陆西属殖民地之间。在英国国务家们看来，一块殖民地的价值评估方面，

[109] 一般最作数的不是幅员和定居机会，而是贸易差额。毕竟，英国殖民定居地是人民移居的结果，而非出自国家方面任何着意的创举。它们最重

要的是被视为市场，可能也被视为扩展航运业和海军的刺激剂，因而好比只占据一个较低层面。

因而，斗争不是爆发在那些殖民地，而是1739年爆发在西印度群岛。起初，它采取的方式是英西战争，这是战争火花从新世界蹦到旧世界的第一回。

由于波旁家族两支之间的紧密联系，法国被拖入这场战争，何况它还发觉自己在欧陆，在就哈布斯堡君主国的生存而爆燃的大争斗中对抗英国，情况就更是如此。一代人时间里，英法敌意始终是西方的关键问题；1748年至1756年这个时期，即从奥地利继承战争结束到七年战争开始、公开冲突中的为时八年的间歇期，实际上只是一段休战。

引人注目的是，难以确认是否整修了的法国舰队起初如何成功地与英国海军交战，后者再次忽视了自身的武备。一幅熟悉的图景重新出现：归功于它们的组织能力，欧陆权势国家获取优势，直到惰性的岛国人动员起自己的物质和精神储备为止。一段时间以后，尽管有法国人的所有努力，但他们在海域的天然劣势变得一目了然。然而，这由法国在欧洲的成功得到弥补。它心中寓有两个灵魂，而且甚至眼下，该国的真实抱负也是在欧陆战争领域。毕竟，它的英国敌手可在尼德兰——英国的阿喀琉斯之踵——被施以危险的伤害，而这正是法国在奥地利继承战 [110] 争中做过的。这场战争的根本问题是德意志哈布斯堡帝国能否生存下去，恰如西班牙哈布斯堡帝国的生存是先前继承战争的要害。一定程度上，第二场战争重现了第一场的外交图景，因为英国再一次前去援助奥地利抵御两个波旁强国。然而，法国衰颓着的实力不足以使这场新战争带有为霸权而战的特性。它现在仅是数强之一。它在波兰继承战争中的各项成功没有恢复它的旧日主宰；它们只显示了一点，即法国已从谷底崛起，与此同时奥地利鼎盛不再。作为英国造就的均势的自然结果，欧陆诸国的愈益进展的拉平过程正在发生。俄国这侧翼强国正在给这过程作出相应贡献。依其性质本身，它有如英国作为一个制约起作用，制约任何求霸努力，在这场合是法国的求霸努力。

这个拉平过程的最突出表现是普鲁士的崛起。大国不得已变小，以致小国可能变大。在东西两大利益范围彼此重叠的那个地区运作，弗雷德里克大王能与所有主要国家结成伙伴关系，偶尔甚至与那个较老的德意志强国，以损害它而取得自己的大国地位资格。有如后来的俾斯麦，弗雷德里克作为一个利用拉平过程的能手在世上崭露头角，从而使处于两次浪峰之间的波谷中的欧洲体系复杂化了。他和俾斯麦都精于一种艺术，那就是利用这么一个间歇期的特殊环境，利用他们自己的冒险的中间地位，凭朝秦暮楚改换忠诚来捞取资本。攫取赃物胆大过人，肆无忌惮，捍卫赃物既坚定不移，又细心谨慎，他们在"富有者"全无心思作出无以复加的努力的时候，拿自己的存在冒险。

[111]

在弗雷德里克时代，全无理由去设想普鲁士的这种心态——在求霸斗争间歇期形成了的心态——其本身有一天会导致这么一种斗争。弗雷德里克的崛起还未将他载入世界史的风云在那里被酿造的层级。可是，他在德意志舞台上的影响，对该民族内外命运的影响，已经大得今非昔比。他打碎了神圣罗马帝国的外壳，在行将到来的民族主义运动有机会用一种新内涵填充它以前。他逐退了哈布斯堡国家，后者曾那么经常地起了抗御法国人和土耳其人的盾牌作用。作为它的替代，在新教世界的文化上落后的边缘地带，一个国家从卑微的原点，作为基于军事文明的一个权力体，现在飙升到显要地位。该国不承认任何主宰，唯它自己的成功除外。它可与无论哪个国家结成同盟。它的持续的贫困，还有它的起始基地的人为造作性质，只是有助于加剧它的扩张主义热情。独一无二的弗雷德里克，孤寂自处的弗雷德里克，是这权势追求事业的引路天才和参与创造者，是一个被清除了人类温馨、超脱其本土行为方式的人；他完成了他父亲开始的工作，那就是训练既驯顺同时又大胆的人类工具。他给他们注入了一种精神，那将履行任何任务视作忍辱负重和英雄主义地贯彻义务，完成责任。在此，与俄国的情况有些相似，西方 [112] 技艺与可塑的东方人类材料的强制性统一造就了一种爆炸性混合——后来的一个事态发展将使之得逞的那个整体，经过曲折的、无法预见的道路，一直往下进到我们自己的时代，而且最终成为塑造世界事态的一个因素。

奥地利继承战争和头两次西里西亚战争之后，一位英国观察家可能会多少遵循这些思路勾勒出一份初步的利弊得失表。英法竞争的关键问题没有经历任何实质性改动。英国在海外领地的优势和法国在尼德兰的优势由于现状的恢复而被干脆挪入该表。然而，法国的努力比英国的远为费劲，后者以它通常的方式，主要经提供津贴给战争作了贡献，即靠使用它的盟国的部队，而非它自己的部队。它的盟国奥地利起初处于危难境地，继而又一次巩固了自己的阵位，并且再度可被用作英国的"大陆剑"。然而，奥地利的对法作战效能，因为它与普鲁士暴发户的竞斗而受损。普鲁士的成功虽然不受英国欢迎，却未真正令它惊恐。尽管这成功主要是与法国联手而获得的，但按照德意志邦主、特别是新教邦主们的传统，已证明相信灵活性而非忠诚心的弗雷德里克能被再次诱离他的法国纽结。俄国也提供了一个再保险手段来克制法国权势的新增长。战争最后阶段，一支采取行动援助奥地利的俄军出现在莱茵河畔，为的是将法国势力逐出德意志，恰如这势力已在波兰继承战争中被逐出波兰。任何国家要主宰旧大陆的趋向总是会导致侧翼强国搁置彼此间的敌 [113] 意而联起手来。然而在那个时候，中欧状况主要只是在提供了对法制衡的限度内才是伦敦关切的。英国的首要兴趣在大西洋地区。

人们普遍感到，在亚琛造就的平静不会长久；大西洋竞斗，即适才结束的那场斗争的主要问题，没有得到解决。两个德意志强国之间的竞斗也是如此，不管从世界史的制高点看它可能排在怎样低得多的位置。

这些大火的源头仍在焖烧，两者都随时准备在另一场战争中再度爆燃。

可是，这些利益将以何种外交形态融合在一起？此刻，权势关系的拉平化和不稳定以同盟的著名倒转被戏剧性地显示出来。除了两对敌手，每个参与国都可能与其他任何一个相连。差不多在每一处，相反的决定之间的分水岭都那么低，以致大有余地去搞诡计和投机。然而，一旦外交模式得到了重组，英国——它在真正的求霸斗争中显示了如此的高超技艺去编织大联盟——便立即发觉自己竟沦落到与小小的普鲁士暴发户结成一个同盟。还有法国，它在实力巅峰时节从不与另一个一流强国联手，现在却被见到与奥地利和俄国并肩前行。它希望，通过帮助哈布斯堡收复西里西亚，它自己将直接或间接地前去拥有哈布斯堡在尼德兰的领地，并且因为这么做而加强它相对于英国的大西洋地位。事情变得一清二楚：法国正放弃它在中欧和东欧的旧抱负。因为法国在后撤，[114] 俄国可以不再反对它，并且追随彼得大帝的巴尔干政策，思忖征服东普鲁士——或者说途经被削弱了的波兰去突入德意志土地。与它在北方战争开始时的处境相反，俄国早就变得深深卷入中欧和西欧的权势蜂窝，而且在它自己坚不可破的同时，处于一个惬意的势位，即它的侵略图谋指向哪个国家，它可进行挑选。

普鲁士如何？外交博弈大师弗雷德里克怎么能犯下签署威斯敏斯特条约这错误？该条约冒犯了普鲁士的老盟友法国，将它驱入他的奥地利敌人阵营，从而制造了他自己在欧陆的窒息性孤立。他相信自己是机会的受害者。然而可以指出，作为一个欧陆人，他以绝对方式看待传统的欧陆法奥竞斗，未能充分认识当时法国政策中的另一个因素的更大重要性，那就是法国与英国的尖锐的海洋竞争。有一事一目了然："海军事务超出他的眼界。"他未能理解两个大西洋强国之间的海外斗争的巨大意义。北美人欢庆弗雷德里克得胜，皮特则宣告他在德意志赢得了加拿大。可是给这征服做了那么多贡献的弗雷德里克，对其真正含义却几乎不比伏尔泰看得更清楚，后者藐视加拿大，将它贬作"白雪覆盖的荒芜的弹丸之地"。

然而，从世界史的观点看，这白雪覆盖的弹丸之地是大西洋斗争的大战果。甚至比先前的奥地利继承战争更清晰无疑的是，七年战争在殖民地爆发，并且就殖民地而爆发。然而这一次，赌注是北美诸殖民地，[115] 两大敌手在为一个大陆的未来而战。今天，它们的战斗的历史性重大意义清晰分明，有目共睹。那时，它大概只被大西洋两岸一小群人意识到。战争的火花由当地紧张产生。可是，双方的竞斗意识那么致命，以致局部的火焰无法熄灭。

在这最终的斗争中，现在被投射进殖民地框架的、海岛眼界与大陆眼界的差别再度得到彰显，令人印象深刻。海岛集团有差不多一百万定居者可供调遣，到那时他们已开始形成自己的一种政治意志，而且将整个北美大陆设想为扩张场所。说法语的白人就人数而言只占这力量的五分之一。法国力求靠中央集权的军事规划弥补之；它强化加拿大与其位于密西西比三角洲的、尚完全未经开发的路易斯安那殖民地之间的联系，靠的是在两地之间的巨大区域建立诸多基地。因为或许植根于基本的民族本能的种种原因，自 16 世纪往后，要塞线一直在法国战略中起重要作用。无论如何，这规划的宏大范围令英国殖民者们感到自己被排除在一个大陆的内地之外，那远至太平洋是王家特许状授予他们的。枪炮自主开火。

只有在一种情况下，结局才可能有疑，那就是假如法国能将它的陆军优势兵力载到那遥远的战场上发力——换言之假如它控扼海上交通。就长久来说，这全无可能。魁北克陷落，而且在 1762 年的巴黎和会上，[116] 法国人与他们 1748 年在亚琛的境况不同，全无欧洲资产可用作讨价还价筹码。他们永远丧失了美洲。

东印度的情况也几乎全无二致。那里，两大欧洲对手欲盖弥彰地装扮成土邦主们的盟友，已在彼此交战，打了半代人之久；同样，又是法国人从传统的商业政策大规模地转到领土政策。那里，最后胜利亦由他们的对手赢得，后者拥有制海权。

仅在西印度群岛，法国才从其首个殖民帝国的毁坏中救出了某些宝贵的残片。

别无选择：十二年战争的所有起伏跌宕之后，早在奥地利继承战争结束时就开始了的君主制法国的衰落继续下去，既在欧洲，也在海外。在海外，它导致了种种从未能被恢复的损失。在欧洲，一个漫长的、可与西班牙相比的病患时期在等着法国。1762 年，巴黎和约将路易十四的失败盖棺论定，像 1659 年的比利牛斯和约将腓力二世的失败盖棺论定一样。

如果说在大西洋斗争中，法国已再次被掂量，并且终被发现不够格，那么英国的成功却令其两百年的海事史轨迹青云直上。此后谁将逐渐就这海岛民族的权利展开竞争，以便作为其唯一后继者占用大陆上四个大西洋国家的海洋和殖民威望？欧洲大陆自俄国崭露头角以来分裂得更深更多样，它怎能再度产生一个热衷于霸权抱负的强国？英国倡
[117] 导海外领土的愈益增长的重要性，它本身看来必定腾达壮大：犹如罗马两面门神，一个面庞转向大陆，以调整均势天平，另一个面庞对着海洋，以强化它的海洋统治。

大陆各主要强国往往在成功的巅峰上遭受严重逆转，因为其对手蛰伏的能量已被唤醒。现在，英国经历了一次挫折；然而，奋起反对它的是它自己在美洲的人民，他们觉醒过来，充分觉察到自己的力量。英国的崛起归功于它在海洋领域的主宰，现在遇到了一个来自那同一领域的极严重威胁。这海洋领域将欧洲的能量从内地吸往其西岸，形成了海军和殖民力量，在海洋国家里这两者得到强化，并且最终将它们集中在邻近欧洲西岸外的海岛上。现在，从这海岛本身的权势迁徙开始了。恰如

注满一个喷泉托盘的水漫入第二个托盘，权势现在从这海岛进一步迁徙，往西横跨大洋。圆圈闭合。大洋之风导致在西欧的一番繁盛，这繁盛最后也是最重要的是出现在英国。现在，一个反向运动开始了。殖民地区作为欧洲各国的仆从，曾间接帮助确保了旧世界国际体系的自由，现在它们希望获得自身的自由，成为自身的主人。被拉入博弈的新领土作为制衡起作用，以便平衡国际体系，对抗任何求霸努力：这个原理现在显露无遗。作为其自由的代价，西方旧世界不得不望洋兴叹，看着权势迁徙从此开始。

大陆冲突的致命重负清楚地解释了大陆上四个大西洋国家的殖民失败，这些冲突反复不已，作为一种拖累起作用，拖累了在海洋领域的进展。现在，那得天独厚的海岛本身不得不接受失败，因为在这特殊场合，它的海岛特征提供的种种利好被转化为同样多的弊端。 [118]

宽广的美利坚殖民地的繁盛并非由国家而是由一个社会和它的人民造就，由种种自由的和洋溢激情的势力造就，它们在政治、社会和宗教上与母国对着干，为自身创造了一个新家园。在这片巨大广袤的土地上，这些势力形成了越来越显著的独立特性，其强烈程度在欧洲闻所未闻。依波利特·泰纳说道，西方人的性质以信仰和传统作为标志。移民携带信仰，作为他们最宝贵的所有物，但许多传统被留在了身后。他们舍弃来自本土生活的安全，改而从事一种力求生存的易变的斗争，在其中艺术、诗歌和习俗丧失了很大部分创造力。它们的位置被一种无与伦比的经济发展活力取代，那从成功惠顾上帝选民这旧信念、功利最为重要这新信仰，汲取精神顺应力。这一扩张性实体从1762年往后摆脱了法国束缚，自觉其巨大的年轻力量，也不会容忍英国羁绊。欧陆列强的殖民地以其小规模的白种或种族混血人口，连同其专制政权，依旧忠于母国。与此相反，新英格兰的两百万白种定居者以一种强化方式，代表了一个海岛社会的爱好自由力量；这些人——崛起的海上英国，自无敌

[119] 舰队败北后，多亏了他们才有其最佳年华——现在出于他们最深处自我迸发的动机，转而反对他们的来源国。

欧洲的国务家们在凡尔赛条约签署后，确实甚至更早些，马上预见到了这事态变更。在英国本国，1762 年时下述问题已是辩论对象：鉴于新英格兰的情绪，将加拿大留给法国人、改而拿走他们在安的列斯群岛的可贵领地是否会更明智些？这眼光短浅的商业主义败于强有力的新帝国主义趋向，后者势头腾升，盖过了对殖民地的单纯重商主义利用和财政盘剥。世界范围海洋帝国概念出现，其核心应当由大西洋岸周边的土地构成，全都有在国王之下的平等的权利；而且看来全然可能的是，在这集团之内，重力中心或许有朝一日移至美洲。皮特——帝国观念的提倡者，提出能否以一个有双圆心的椭圆的方式维持这个帝国？这个问题压根能被提出来，事实本身就提示了随后几代人时间里两个盎格鲁—撒克逊国家之间的关系。将它们隔开的鸿沟并非不可弥合。然而，随皮特倒台，心思较狭隘的考虑再度进至前列；而且，英国一向那么经常地随二流货登台而改弦易辙，这回不得不为一个一流人物的消逝付出惨重的代价。君主也再度证明是个障碍。乔治三世，带有德意志和大陆心态，缺乏海岛精神。他意在维持国王的权威，仅成功地令矛盾尖锐化。

尽管如此，若无欧洲的支持，北美人的奋起本将注定失败。对外交
[120] 局面和军事形势的一番考察清楚地表明，传统的海岛优势这次在多大程度上未能生效。英国惯于带领联盟去运作，击垮欧陆的支配性强国，确立在欧洲的均势，并且巩固它自己的海外优势。可是这一次，均势那么完美，法国的支配地位那么完全地被击破，以致无法见到从事一场大陆战争的通常动机，特别是因为普鲁士与奥地利之间的竞斗也失去了烈度。欧陆依然平静，而这平静似乎剥夺了英国权势的旧日魔力。第一回，与西班牙结盟的法国能够与其传统敌手进行一场纯海军和纯殖民地的战争。不仅如此，各航海中立国决意保护自己的贸易，结成了一个俄

国领导下的同盟，那摧毁了英国的最大利器之一是私掠巡航。甚至葡萄牙，的确，甚而荷兰，也加入了这个同盟，被彻底孤立的英国则发觉自己不得不对荷兰宣战。英国权势的传统基础，久经考验的基础，剧变如斯！

欧陆能否以此方式克服其分裂的利用者，在一个个强国的所有进攻都已败于英国的简直神秘的不可被伤害性之后？一个持久联合的欧陆本可能成功。然而，这个同盟只出现了一次，而且寿命不长。陆上强国对海军强国的共同敌意，无法克服陆上强国自己中间的更活跃的敌意。海上霸权包含的恐怖不及陆上统治——何况法国将很快地在陆上从事又一次求霸！

然而，对母国来说，欧陆国家从事共同事业为时虽短，却足以使英国臣服美利坚殖民地成为一个空前无望的前景。英国既然不能再指望盟 [121] 友，它的陆军的羸弱便在那巨大战区的难以通行的地形上暴露无遗。它能够打败最大的欧洲陆上强国，却无法战胜那遥远的海岛（因为北美像英国一样是一个海岛）上的造反游勇。英国甚至不能保障它的海上交通——它的权势的肌腱——抵御它的对手集群。它事实上被迫一面在海外互相远隔的各点上作战，一面照看它自身的安全。

美利坚殖民地获得了自由。正值帝国观念庶几成形之际，英国的世界范围环状帝国被切断。作为欧洲均势的卫士，英国扳倒了它的各个敌手。现在，它被它们扳倒，同样是以均势的名义。它现在给欧洲的命运关卡缴付了它自己的通行费，那是它一向索取于别国的。由此，旧大陆丧失了自己的天赋权利。

然而，大陆上就不列颠巨人跌倒仆地而来的狂喜为时太早。英国保存了它与欧洲以外世界的直接关系。首先，它维持了对加拿大的掌控——原因恰恰在于那里没有英国定居者。当地的法国天主教徒害怕其笃行清教、以致狂热的邻邦的统治，甚于害怕疏忽大意、宽容为怀的伦敦政权。的确，谁在那时能预见到扩张主义的美国永不会以兼并加拿大来拓圆他们的巨大领土？当时比保留加拿大更重要的是这么一个事实：商业上，殖民地分离到头来差不多有利于母国，因为那雄心勃勃的自由国家成了一个比殖民地更好的贸易伙伴。不多久，它的精力就被新近获得的内地吸取，而且与法国的期望相反，它未能以经久的竞争去对抗英国的航运和海军。英国相对于欧陆的实力依然未受损害，而由于它在东印度得到了一个替代去弥补已丧失的领地，情况就更是如此。

[122]

确立一种海上均势作为欧洲均势的对应物和延伸证明不可能。那些指望造就这么一种均势的人鲁莽地将欧洲经验应用于一个领域，在那里运作的是别的前提；而且，19 世纪的事态发展将一次又一次地突出再现这一谬误。

法国能否至少标明重返其旧日殖民地位，作为对其努力的一项酬赏？实际上，只有美国才得益于法国干涉。法国旨在造就一个将支持它的海外国家；这个国家成了大西洋诸国鸟巢中的年轻杜鹃。互不统一的欧洲诸国是美利坚合众国的教父教母；美国得益于它们的纷争。以欧洲战役的标准衡量，美国独立战争中打的那些仗实在微不足道。以未来意义衡量，它们却远超过那些大大接近于政治焦点的战役。

在西方，海外世界愈益重要，间接地经过英国中介，直接地经过美国离异，与此同时俄国——另一个侧翼强国——突然在东方进至一个新的威望层次。盎格鲁—撒克逊人满足于靠均势制约欧洲，向外将它们的精力注入未经文明化的广袤海外领地。与此同时，俄国的精力被运用于相反方向——从未经文明化的欧亚内陆前往西方，即文化的古老摇篮。英国，西方文化的载体之一，跨越它控扼的海洋，任意扩散这文化。在它能用此来肥沃东方的巨大空间，俄国则须取得前往西方生活的海上通道的便利，并且狼吞虎咽地吸取西方文明。它的系统推进预示的不是西班牙、法国或后来德国式的霸权意义上的俄国主宰，而是一种远为严重

[123]

的危险，即长远来看这个巨物会将传统民族大家庭的一个又一个成员缠绕进它的触须，将其弄出既存框架。当然，俄国确实不仅在力求物质上接近西方，也在力求智识上渗透西方心灵。然而，如我们所知，这个过程从未真正超出一种文明化的吸收；深植于俄国本性之中的多得难以计数的力量仍然由于西方外表而隐匿不见，恰如希腊化釉饰遮掩了托勒密和塞琉西这两个帝国之内的类似的力量。

俄国的新扩张始于英国对法胜利之年的 1762 年；那也是叶卡特琳娜二世夺得皇位之年。如果说帝国确实由创造了帝国的力量维持，那么彼得的帝国为了继续生气勃勃，就反复需要一位像他本人那么出类拔萃的统治者。1762 年时，俄国刚好挺过了随他之后三个女人的混乱的统治，没有处于不利地位。现在，它许久之后终于在第四个女人的控制下 [124] 接连迈出强有力的步伐，这个女人有能力再度目的明确地使用俄国的内在力量。没有任何俄罗斯男人能比这个德意志女人更好地履行这任务。她既是最近的西方心灵魅力化身的展现，又是其东方臣民的无情女主，具备完美的条件在这希腊化场景的两个层次上，以两者的全部荣光，炫耀她本人和帝国，这使其作为北方的古亚述女王引发惊异。

她的第一个壮举是剪除她的低劣的丈夫彼得三世。因其幼稚的愚蠢，他坐失对普胜利。假如东普鲁士和整个波罗的海地区那么早就落到俄国手里，德意志历史的进程本将如何？弗雷德里克大王的全部天才将不足以使他免于查理十二的命运；要保护弗雷德里克大王，就需要化身为一个蠢货的偶然性。列强中间最年轻的普鲁士同时也是最易受致命伤害的。它的缔造者本人不大情愿它被列为一个真正的强国。

叶卡特琳娜无法希望取回她的丈夫失去了的机会，因而她转身背对波罗的海地区，将她的注意力更成功地限于邻近的目标。彼得大帝已靠击败瑞典在俄国的西线开始了的事情，叶卡特琳娜以针对波兰和土耳其的事业将它继续下去，在此过程中系统地拓圆帝国。

她按照变化着的国际形势实施的操作分成三个时期。

[125]　　　第一个时期延续到美国独立战争结束为止，以大西洋列强斗争和它给俄国行动提供的机会为标志。虽然它们在摇摇欲坠，法国却依然将俄国的三个西部邻邦视为其旧日霸权的堡垒，可是它的手臂不再伸得够远去保护它们抵御女沙皇。英国乐见俄国的进展，但只是在这令法国烦忙不迭的限度内。德意志诸国被七年战争搞得精疲力竭，赢弱得无法一个个单独与俄国格斗，同时又彼此嫉妒得无法联手反对它。叶卡特琳娜以完美的精湛技巧玩弄这形势提供的手段。巴伐利亚继承战争之后，她正式摆出了在这"德国式争吵"（querelles allemandes）中被祈求的仲裁者姿态。问题的核心在于，分裂至甚的欧陆国家的精力能够轻而易举地被聚拢来反对它们中间的一国，如果它渴望统治其姊妹国，而非反对目标较为有限的外强俄国。于是，当俄国外交在其敌邻的后方寻求盟友时，普鲁士和奥地利的主权自我中心主义就转过来供叶卡特琳娜调遣，即使在收取俄国分赃时维也纳和柏林都有不安和不祥之感。奥地利大有理由害怕一件事，即它反对土耳其人的西方使命和它追求东南向扩张的努力会由此受挫泄气；普鲁士则不能不害怕丧失波兰，将它与俄国巨人隔开的缓冲区。然而，它们彼此间的猜疑使这两个德意志强国别无选择，只能竞相主动提议出力，效劳这利用它们的幸运的巨人。

[126]　　　首次瓜分波兰是普鲁士国王的外交技艺杰作。它使普鲁士长久渴望的、该国大部分与东普鲁士之间的领土连接得以建立，同时又解决了在巴尔干的奥俄紧张，那有引发又一场大战的危险。实际上，普鲁士与俄国的合作是"与狮子合伙"（societas leonina），较大的强国受益更多，而且弗雷德里克的成功更多地证明了他的机敏而非他的实力。俄国依然是这把戏中的最强大角色。虽然以和平手段毁坏了它的波兰牺牲品，并且成功地结束了一场对土战争，但它将事情带到了一个节点，使得瓜分波兰在惊恐的德意志强国看来显得像是最佳途径，藉以摆脱一种危险的

形势。

不久后，叶卡特琳娜便将俄国权势延展到黑海，由此给了她的帝国面对世界的另一扇窗户。很快，她就在威胁君士坦丁堡，不仅从北面在陆上，也从西面在海上。一支俄国大舰队绕欧洲全程航行，在爱琴海摧毁了土耳其舰队。第一次，俄国的手臂往外远伸至希腊，在那里激发起反土耳其人起义。确实，它已经在接触造反的埃及人，后者从此将那么经常地吸引欧洲外交家的眼球，使之注意他们的国家。犹如靠魔杖一挥，北方强国成了南方强国。欧洲各国内阁心寒胆战。与拥有无限潜能的东方帝国相比，西欧的规模看来缩小，就像在亚历山大大帝的继业者创建的那些帝国旁边，希腊体系内的各邦立刻变小了一样。

可是，国际形势现正开始改变，而且对俄国有害。叶卡特琳娜对外政策演化的第二个时期始于世界事务中再度出现英俄敌意，那首次于彼[127]得统治末年突然爆闪在地平线上。英国不得不接受俄国在海上武装中立联盟中的领导作用，因为它自己的全部兵力被吸在大西洋冲突中。既然这一仗已经结束，精疲力竭的法国正在踉跄步向革命，一个问题便油然而起：俄国在一场新战争中对土耳其的胜利是否会真正有助于英国的利益？直到那时为止，俄国对奥斯曼的任何胜利都一向被解释成对法国人的一记打击；然而，俄国突入地中海是个全然不同的事情。伦敦据此策划在欧陆的牵制行动：它鼓励瑞典投入战争，并且使自己不仅与土耳其人也与普鲁士结盟。毕竟，奥地利那时与俄国联手，而鉴于两大德意志强国之间的竞斗，伦敦与柏林之间的一个同盟实属自然。这个方针还另有吸引力，因为普鲁士位置靠海；英国必须经海岸，经波罗的海和黑海海岸，才能抓住大陆巨人。幸运宠惠英国人。在维也纳，一个新的皇位占据者令叶卡特琳娜丧失了打击土耳其人的德意志盟友；而且，奥斯曼的令人惊异的抵抗挫败了这位女皇的广泛宏图。奥斯曼陆军的宿命英雄主义尚待多么经常地去弥补奥斯曼国家的腐败衰朽！

现在甚于以往任何时候，小皮特感觉受到鼓励，要将俄国逐入困境。一支普鲁士大军将向里加进发，一支英国舰队则将被派往喀琅施塔得。一项给叶卡特琳娜的最后通牒迫在眉睫。然而出奇的是，皮特在最后一刻抽身退出外交行动，侮辱了普鲁士国王，后者适才通知土耳其苏丹即将对俄宣战。首相认识到，国内公众舆论依旧惯于从海洋观点看世界，无法那么迅速地信服从大陆深处浮现出来的新危险。他的后撤又一次证明了一个事实，在 1714 年和 1762 年的和谈中被文件记录下来的事实：英国自觉足够强大，能就它的"大陆剑"的利益盛气凌人，我行我素，同时尽管如此，却仍自信若有需要就能再度赢得盟友。皮特本人辉煌地展现了这种获取盟友的能力，像他塑造了法国革命战争中的各次反法联盟那样。

叶卡特琳娜统治的最后阶段与这些战争的开端相交织。在她驾崩和旧制度（ancien régime）终结时，她已能将出自第二和第三次瓜分波兰的空前赃物带回国内。又一次，英国的注意力被移转到西方。但这一次，两个德意志强国也参与进来；他们被削弱，不统一，且贪婪，不能抵挡诱惑和威胁。然而，普鲁士背叛了它新近采取的亲波兰政策，它的作用更可耻。

于是，东方诸强施行老政策，消灭了西方的一个起初简直和德意志帝国一样大的民族国家，在来自西方的现代民族主义正开始更生国家生活的时候。按照无生命的统计数字为准绳，波兰在外交屠宰场上被大卸八块，然后被不动声色地分配给外国主子；这些主子因为历史、语言和——最重要的——宗教而与之隔开，几乎完全没有在那么晚的时候吸收消化此等巨大赃物的前提条件。波兰可能不过是西方的一个朦胧含混的边际区域，然而在它那里蛰伏着一个西方民族的神秘的生命活力，该民族有一千九百年历史，有它自己的语言和习俗、宗教和精神传统。19世纪将唤醒这些活力，自觉其权利的波兰人将奋起反抗，反抗一个专制

[128]

[129]

政权的机械刻板的文明，那政权是强加给他们的，即使那文明可能以其自身的方式提供某种进步。恰如希腊文明在其中达到结晶的希腊城邦聚集起它们的最后勇气，去抵抗被并入一个更大的希腊化帝国，这个西方民族也奋起造反，抵抗被吞噬进彼得大帝的帝国。

因为在瓜分波兰上领头的是俄国，当然地拿走了最大一份赃物。西方世界从未见过这么大规模的扩张。早先的哈布斯堡扩张发生在个人联姻框架内。确实，即使在意大利，过去也没有任何重大领土变更，导致了像异族的中央集权官僚机器在此实施的那种侵占。

一位从旧大陆向外看的观察者，无论是立足于盎格鲁—撒克逊外缘，还是立足于俄罗斯外缘，都可以注意到地平线上愈益昏暗。然而，西方尚未耗竭它的潜能，尚未就此达到古希腊在沦落到各希腊化大国的阴影之下时达到的程度。短短几年内，大得梦想不到的能量，由大众和技术进步产生的能量，将以间歇泉喷涌似的暴烈迸发出来。又一次，旧国际体系的主发条将被卷紧。浪潮和其间波谷的节奏将再度自我更新，[130]欧洲大陆则将守住自己在世界命运中心的位置，为时又一个半世纪。

尽管如此，它的重生仍是花费代价换来的，代价就是文明的革命性扩散——亦即文化的损伤。当这文明能将其影响延伸进巨大的外部区域时，旧欧陆的星辰终告陨落。[131]

法国大革命和拿破仑一世

文明在生活的全组合之内的进军，其本身是个从头到尾经历最近几个世纪的现象。它最显著地表现了一个缓慢和多方面的过程，而这过程虽然如此，却仍遵循单独一条始终连贯的发展红线：从中世纪的厌世禁欲主义演化到我们当今生气勃勃的对世界的掌控，从弃绝尘世生活到积极接受之，从悲观主义的生活观到乐观主义的生活观，从相对静止的心态到极端能动的心态。犹如朝阳之下冰雪在解冻和融化。太阳起初消解了南面山麓上的霜冻，使融化了的白雪往下流淌进山谷。然而，越来越大的休眠生活雪崩开始发生，直到它们以雷鸣般的响声直泻而下，传统生存样式的一切被漩涡翻腾的洪水扫除净尽。

在这么一个时候，融水的咆哮逐渐增强，直泻的雪崩景象令人内心惊异或恐怖。18世纪末就是这么一个时候。经济和政治生活中的能动演进扶摇直上。在它后面，全都是大为加剧的、赤裸裸的权势贪欲。

这加剧不是个均衡划一的过程。各国一个接一个而非一起参与其中。在一处它影响生活的一方面，而在其他地方影响其他的一些方面；它先动员起一国之内的一组人群，然后动员起另一组。它也触发了巨大

[132]

096

的反应：新旧相兼，形成混杂，并且获得它们自己的活力；例如，民族主义概念就是如此。这事态发展与先前任何时候相比，都更不似平缓的溪流；相反，它是大漩涡，甚至是沸腾的高潮。然而尽管这一切，19世纪的历史进程使我们有权利说，激发这运动的实际媒介是一种加剧了的和乐观的生活意愿，是世俗权势渴望的扩散，随之载有生存斗争的一个狂怒的新阶段。传统、信仰和美，这场斗争中令人镇静的媒介，沿战役的整个来回进退的前线，皆被逐退。被威胁的精神的种种表现被撇在后面，寓于艺术、诗歌和宗教之中，但不管它们有多么壮观，这后退不可逆转。

对外部世界的乐观主义的权势意愿愈演愈烈，不久就会将那么无比巨大的能量注入高端政治的磨坊，而这新的变化在英吉利海峡两岸采取了不同的形式，它们转过来又彼此互动。18世纪末期，盎格鲁—撒克 [133] 逊海岛世界与法兰西大陆世界之间部分和蔼、部分敌对的争执前来充当事态发展钟表内的"摆轮"，而且不仅是在政治方面。

在英国，国家在文明的新进展中不起重大作用，无论是作为阻碍者还是作为促进者。除了免于大陆生存斗争的种种动力，国家还缺乏广泛的国内组织，连同广泛干涉的意愿和机会。在这海岛安全和海洋宽广的环境里，私人主动性长久走到了前列。不仅如此，它还与功利主义哲学、应用科学和新教信仰中那些助长世俗活动的成分结成有益的联盟，从而变得高尚并获得滋补。在英国，中产阶级的摄取冲动构成整个民族生活的特色，工业革命肇始于18世纪，它是在一个具有自我调整能力的社会中，未经开发的能量的自发产物。它将招致人类生存之物质模式的一种重大变更。

在此，煤的重要性被发现，它将给该岛带来繁荣。四十年里，经一个运河网络载运的煤导致铁的生产增长十倍，而铁的生产因为缺乏树木作燃料，一向准备移往北美。机器生产突入传统的羊毛纺织家庭手工业，而且创造了新的、以工厂为其组织的棉纺织工业，它从海外获得原料，并将某些制成品售往海外市场。英国，制海权、航运业和世界贸易之地，作为殖民强国跃升到世界地位的国度，现在成了世界工业强国。正值丧失美利坚殖民地之后它面临与法国政治革命的摊牌较量之际，这经济革命给它带来了巨大的实力累积。作为在对腓力二世作战中的后备力量，私人海盗构成的年轻海上英格兰曾是决定性因素；因而现在，作为反对拿破仑一世的后备力量，私人企业构成的年轻工业不列颠将证明自己的价值。

　　与文化的进展不同，文明的进展能用统计学的发现去衡量，而统计学是一门在18世纪晚期开始发展的、饶有特征的科学。作为一项关键数字，统计学记录了一个事实，那就是乔治三世在位时，从1760年到1820年，英国人口差不多翻了一番，从750万增至1400万；这增长归因于新的医疗方法和新的经济技术，前者使那么多人依然活着，后者则给他们提供生计。

　　这快速的发展是个纯粹的实际事务，其动力并非来自理论。它只影响了某些颇为有限的生活领域，留下另一些完全未予触及。国家和社会的传统构造未被摧毁，而只是被改变和增砖添瓦。信仰和传统保有立足之地，恰恰因为它们始终未由一个专制国家按照刻板僵硬的方式去塑造，而是照旧具备弹性和流动性。这个自由的海岛——仅这个国度如此——在非常古旧的事物旁边给非常新颖的东西提供了空间而无混乱风险。财富和对外移民机会缓解了无法避免的紧张。以一种健康的节律，不自觉的本能与自觉的利益之间的和谐弥漫于整个生活。

　　在国家和社会之间的关系上，法国与英国截然相反。在伟大的君主和国务家治下，法国拥有了英国无可匹敌也不需要的一种高效。然而，当其命运掌握在猥琐渺小的统治者手里的时候，威胁法国的危险就越发加大。大陆体制，以其军事和官僚机器，连同从上面强加的人为模式，趋于变得刻板僵硬；它不伤害先前被促进或容忍的种种阶级利益，不暂时削弱整个构造，就无法得到重构。当下在法国，由国家的重商主义政策养育，同样形成了一个自信的中产阶级；它的冲动的本能——在经济、社会和思想领域——正在冲击国家造就或保障的政治秩序那陡峭和僵硬的堤坝。不仅如此，装备起来作为一个军事强国的这个国家在欧陆和海外都已被击败，见到了它的国外威望跌落直下。它将如何在一个猥琐渺小的统治者之下形成贯彻国内改革的权威？而这改革是为了在特权阶级的自私和第三等级面前恢复它的效能所需的。与好争论的著作家们合力，第三等级抨击所有各种形态的信仰和传统，其标准大多取自海洋国家——先是英国而后美国。即使当时，盎格鲁—撒克逊世界的权势和影响就那么大，以致最盛大的欧陆国家开始偏离它的最内在传统，而不顾在英吉利海峡和大西洋彼岸支配生存斗争的种种法则的不同性质。那里，自 17 世纪往后，社会一直置身于一种难以察觉的、讲求实际的演进；而在欧陆，一切都推动政治实体趋向痉挛式的发展，趋向自上而下或自下而上的革命。那里，新文明驱动了工业之轮；而在欧陆，新文明驱动的是政治之轮。

[136]

　　在既定的环境里，要避免法国大革命，只有依靠一个坐在王位上的革命家，一个能够如此行事的统治者：他在一场不久便将突然疯长的、巨大的权势政治新尝试中重组国家，并且连他自己一起扫除之。

　　在其早先阶段上，法国大革命似乎一心做相反的事情，而不是如此奋力跳进权势政治。对幸福的渴望令革命者的梦幻般恍惚的目光徘徊于浪漫之地，在那里权势国家的浸满鲜血的荣光不为人知；换言之，他们的目光朝向遥远的美国，或至少朝向近旁田园诗般的瑞士。然而，以一种惊人的突进，对老得生锈的权势国家的战斗产出了一个新的权势国家，它的巨大的崭新机器运行起来优于它的前身，正如英国的新工业优于旧手艺。不久，恢宏的大众思想像迷人的春花满地盛开，它们的果实令其一向的赞颂者心惊胆战。从反对派走到当权者这一小步似乎使迈步者脱胎换骨，判若两人。

世界首次见证了前后相继一连串事态，其典型特征将只有经过 20 世纪的事态才变得分明。前所未有，与一个欧陆大强国衰落腐朽的同时，在文明的迅速进步影响下，社会观念和思想概念迅速消融。

初始阶段以一大堆杂乱的、感情冲动的浮言虚辞为标志，其中高尚的情感受本能的和贪婪的冲动腐蚀。混乱支配了第二阶段；民族生活依赖的国家机器意外崩溃，从而造成了一个吸引人类激情包括最卑劣激情的真空。既令观众也令主角吃惊的是，第三阶段招致了一个自相矛盾但[137] 合乎逻辑的高潮。已被释放的激情即兴凑合出一个新的权势国家。大革命只有靠百倍地加强中央集权的权势工具，才能够拯救它自身的成果；不仅如此，革命者全无顾忌地使用它们，虽然他们一向因其使用而抨击特权者。国家的精神吸收了种种最怪异的成分。一种新的专制主义脱颖于新的自由。恐怖和宣传如孪生的灾祸，脱胎而生。旧信仰，旧传统，受到蔑视。所有促使意志平静下来的影响都遭剪灭，基于个人冲动的生存在民族神话中被奉若神明，一切智识生活和教育都被弄来为之效劳。它被用来辩解一切有助于下述目的的罪恶，那就是吓住或摧毁大革命的反对者，并将它的追随者作为附属物绑得严严实实。这极权主义国家，在其终极革命形态上的欧陆权势国家，第一次——可以说是一会儿——昂然抬头。专制君主国与之相比苍白失色。这新国家本身就是目的，自觉有资格以一个先前从未被想象过的规模用人用物。以种种新方式，旧西方的玄奥个性横遭挑战，同时沸腾的大众洪流在这急剧的进程途中受到诱胁和控制。

当然，官僚机器帮助行事；然而，主要是经过党派这法国的新君主，控制才变得可能。雅各宾派，狂热者的一个少数派小集团，作为恐怖家和宣传家处处运作，将同行的大众保持在骚动作乱状态。

他们所以成功，只是因为他们的统治可将某些东西提供给很大一部分人口：参与公共事务；法律面前平等；在行政实践和经济机会方面平等；消除处于社会劣势这受辱意识。贵族和教会的财产被夺取来注入全 [138] 国经济生活之流。总而言之，大革命的国内成就构成了巨量战利品，新社会将永不再允许它们从它的掌控中被扯走。与此同时，法国在国外的命运经历了似乎无限崛起的开端。任何人，只要成功地在世界事务中指引一个民族，就能抑制所有国内纠纷。

法国革命战争触发了新一轮称霸潮，其涨落起伏显示了更陡的线条，超过之前。那些早先的浪潮在一个延续几十年的过程中达到顶端，而且退潮也一样缓慢。新的浪潮则从波谷最深处暴跃而上，只是以同样的骤然跌落直下。路易十四起初的地位不如腓力二世。大革命起初的地位有多么远劣于这两者！我们已经见到，在 18 世纪，西方和东方的外缘区域怎样开始令古老的中央区域黯然失色，气息衰颓。因而起初，大革命不是因为自觉力量雄厚而进入这大斗争，而是绝望之中勇气迸发。当然也不是因为它遭到外来进攻。事实上，使吉伦特派渴望战争的不主要是对外政策考虑；相反，他们在其中觉察到了治愈他们的国内困难的万应灵药，百般施暴的最终辩解。诚然，此后暴力加剧到超出他们的控制；发展那些微妙的潜能，形成那粉碎一切反对派的恐怖专政，要留待他们的处决者和后继者。战争一旦来临，就赋予恐怖一种民族光环，恐怖与战争彼此促进。这国家的命运与这党派的命运紧密相连。法国的胜利必定是雅各宾党人的胜利，它的失败则必定导致他们身败。随着九月 [139] 屠杀的发生，他们已破釜沉舟：他们无法投降。

这是一场赌注很高的赌博，但那些赌徒的目光超越通货膨胀和饥馑、混乱和不满——倘若和平维持下去，这些会吞噬他们——的深渊；他们意识到了革命氛围中战争可以释放出来的爆炸性力量，如果对祖国的热爱与对霸权的渴望——霸权是未被忘怀和令人陶醉的醇酿——彼此融合，如果狂热的革命使命感与掠夺贪欲配对成双。成功与之相伴。

紧接着九月屠杀，外国佬即被逐出；老旧的社会秩序和西方的道德规范不被允许去裁判法国的恐怖统治。然而，法国靠自己的努力将恐怖统治清除。

这是如何实现的？恐怖专政当然缺乏当今的"文明"可用的技术手段，那使每一个公民在任何时刻都听凭中央当局一时的喜怒好恶。不仅如此，作为欧陆人，旧制度（ancien régime）下的法国人虽然远比海岛人民更服从政府，但还不像他们后来在现代行政管理方法的影响下变成的那么驯服。然而，一个更重要的因素是迅速改换的政府人员素质低，这些人在自己追求权势和纯生存的日常斗争中，不可能有高出业余水平的、临时凑合的措施。恐怖专政既更可怕，又更低效，因为它是按照一知半解的方针操作。它没有一个个地压住被威胁的受害者，反而将[140]他们统一在反对阵营中。毒药以一剂剂错量被发给法国服用。于是，这个制度在国外的成功暗中伤害了它的国内地位；一旦外国佬被逐退，恐怖专政就不再能依照爱国理由得到辩护。

权势从雅各宾派掌中滑脱，从这类政治党派掌中滑脱，落到了一位得胜的将军手里，那是自此往后无论何时的革命者始终警戒的一种危险。在一个革命战争时代，军事独裁证明是极端之间现成的中间道路。对一些人来说，它为他们的革命成果提供了保障；对另一些人来说，它提供了抵御大革命横暴蹂躏的护身；对所有人来说，它给予了在国内的正义、秩序和繁荣，连同在国外的荣耀和掠夺。

拿破仑将路易十四的权势国家提升到新时代水平。他稳定了革命社会，调整了军队和行政机器以适应之，并且给政府和国家注入了传统的欧陆权威精神。他造就了一个更锐利、更顺从、更有力的权势工具，甚于欧陆先前任何时候所曾见到的。然而，在匆忙之中和强制之下被铸造出来后，它比合法的、"最基督教的"国王们的权力构造更僵硬，更不灵活。拿破仑与天主教会达成了权宜的和平，从而为他的政权获得了一种对照雅各宾派迫害教会这背景而显出的特殊光彩；可是，他不倾向与一个精神权威分享对人的灵魂的权力。与东正教会和新教教会不同，西方教会在历史上与任何基于权势的世俗文明相反，因而抵抗这位皇帝的政教合一野心。于是，虽然他的统治始于一项宗教协约，但它势所必然 ［141］地以与罗马冲突告终。

从雅各宾派那里继承了与自由心灵的斗争，拿破仑在其中从不允许有一刻松懈。在每一种物质利益都受到鼓励的同时，不符合政府政策的智识活动都被认作是颠覆，被迫缄默。只有科学——文明的婢女——才得到大力培育。艺术，特别是建筑术，也依照一种样式得益；它们被分配给一个任务，即以纪念碑式的创作去描绘帝国的精神。以其全部刻板僵硬，统一的西方风格的最终形态得自罗马帝国形态。它给了拿破仑治下被设想的生活一种恰当表现：一位帝王（imperator）再度崛起，将一个衰颓着的文化的多种要素引领到姗姗来迟的统一。

事实上，与路易十四时代相比，为时22年的法国大革命和拿破仑帝国时代更有力地为白人世界的统一效力。它有社会剧变这新的魔法可供使唤。在它帮助下，衰落中的法国产生了一种被重新振兴的军事力量，凌驾于它的欧陆对手的军事力量之上。靠同一手段，它还产生了一种意识形态力量，那多倍地增强了它的物质实力。恰如传奇中的磁山吸引掉一艘舰船的铁制部件，法国的宣传破坏了对方的意识形态势力。拿破仑懂得如何运用这宣传；而且，革命成就的花束在他的手里看来更加诱人，因为搭配得更好，绑扎得更紧。新帝国没有在哪一个国家在其中 ［142］未找到一个强有力的支持者群体。像在宗教战争时代发生了的，欧洲分裂为两大武装阵营，而且裂谷穿透各国本身。只有英国和俄国免于分裂，虽然是由于不同的原因。然而，这新分裂的缘由有了多大的转变！自腓力二世以来，宗教精神消融多多，以其流水注涨了文明江河。拿破仑个人使这江河有望限于一种有序的奔流途径，他的追随者们则将他的扩张性帝政主义解释成大危机的一个合理伴随。那些受过经典训练的人因为他与恺撒和奥古斯都相似乃大感震惊，那由宣传家们翻来覆去地谈论，而在耶拿，黑格尔宣称见到了世界精神（Weltgeist）骑在他的骏马上。

确实，与腓力二世的西班牙做个比较，立刻显示出尽管有其全部狂风暴雨似的动能，新的世界强国在哪里落后于旧的。除某些不安全的残片外，法国海外属地一无所剩，海军的状况也好不了多少。在英国革命中，海军自觉是反对斯图亚特王朝的海洋集团的代表，而在法国革命中，将发展归功于君主的海军军官们，照旧是保王派。某些战舰投靠了英国人；而且，不像陆军的衰落可以靠普遍征兵（levée en masse）去逆转，海军的凋敝不那么容易被纠正。

因此，新的求霸斗争展示了一幅含糊不清的图景。对法国在欧陆极大地加强了的扩张力量有个反制，即树立障碍，将它与海外领地——先前几代人的恶遗产——隔离。能否依靠从一个扩大了的大陆基地运行的种种新方法去突破这障碍？如果不能，那么难道这基地本身无法被延[143]展得超出欧洲，抵达非洲和亚洲？换言之，难道已因为美利坚殖民地分离而失去了分量的英国制衡秤盘这次不能被搞得骤然上翘？在海上，航运征服全球性远距已历经三个世纪。难道新文明或许不被装备来在大陆上做同样的事情？它是否会带来新罗马对新迦太基的胜利？大陆原理与海洋原理的斗争现在爆发，其暴烈程度超过以往任何时候，那是先前求霸斗争的终曲和未来德国求霸斗争的前奏。

然而，尚无任何战争新技术可供使用。在此领域发明和工程学的进展步履缓慢。可是尽管如此，政治革命仍导致了过去三个世纪里没有经历过的陆战革命。一个国家的精神总是反映在它的军事机体里。法国大众起义增大了军队规模；人力的充裕使该国能够损兵折卒而安之若素；被征入伍者的爱国主义使得以一种弹性的和更机动的方式塑造战术和战略成为可能。新道义能量的集中导致快速突入敌国领土纵深和旨在歼灭敌人的战役。总的来看，这些战役是大为加剧了的生存斗争的显著表现。

起初，法国革命战争局限于旧欧陆框架；其时，俄国和英国都不允许自己的政策被搞得偏离它们的传统轨道。

当然，叶卡特琳娜二世仇恨法国大革命，将它当作彼得专制主义的欧陆对极。她最希望的莫过于波旁君主政体恢复到初始地位。然而，她[144]想要德意志强国火中取栗，与此同时她自己吞并波兰。"我绞尽脑汁，"她在 1791 年底说，"去找迂回的办法，使维也纳和柏林宫廷更深地卷入法国事务。"

现在甚于以往任何时候，英国人在自己的海岛上感到安全，不受法国的天翻地覆危害。其时，小皮特很欣然地看到英国的对手陷入混乱。他没有兴趣去复兴君主制和恢复秩序。他预料有个漫长的和平，并且削减了陆军实力。英国费了一段时间才认识到一个新型的对手正在海峡对岸远处形成。

然而，奥地利和普鲁士离火山较近。它们感到自己与法国共有的社会基础颤动不已。这两个竞斗者紧紧握手，同时在其内阁里，对新的未知量的神经质预感与掉以轻心相互交替，那是与一个革命对手冲突的富有特征的起始阶段。

1792 年的灾难性战役显示，德意志强国的力量不足以熄灭这火焰，特别是因为它们虽为盟友，却照旧彼此嫉妒，且其注意力受俄国对其背后的波兰的行动牵制。奥属尼德兰，法国扩张主义的传统目标，以难以置信的速度落到革命的侵略者手中。

现在，终于轮到英国在惊恐中启动了。两百年里，永不允许一个支配性的欧陆强国立足于河流三角洲，是它的一项政策格言，在那里它当

[145] 然能发展制海权，威胁倾覆精巧的均势体系。在这一点上，公众舆论敏感。只是最近，它才否定了皮特的对俄态度改变。它迅速激奋起来反法，而因为对外政策关切与道义愤慨混杂，情况就更是如此。断头台的统治在英国激起了愤怒风暴，犹如圣巴托罗缪之夜屠杀和废除南特敕令触发的愤怒浪潮。在每个乡村和市镇，公众舆论都谴责民主运动，集合起来支持政府，要求必要时武装抵抗法国狂妄的以武力"解放"欧洲之目的。此乃道义领域里海岛独立的动人显示。它不止是民族团结，一个适于将看法仅限于政治领域的概念。我们必须始终记住，在不列颠列岛，由于一番与欧陆不同的历史，信仰和传统还保持了一种不同的、更新鲜的有限性。在一个与在欧陆相比国家的意义小得多的国度里，要激起大众，就须在政治理由之外添上道德憎恶。为何处决路易十六在促成战争上起了那么重大的作用，原因就在这里。在此，我们碰到了征伐精神和假仁假义问题；在其对外政策基本态度方面，甚至很早以前，一位像托马斯·莫尔那样的英国国务家就是一位道德主义者。

皮特是个组建欧陆联盟的往昔能手，继承了威廉三世确立的传统。皮特集合起来的第一次反法联盟实际上联合了整个欧洲，甚至还将俄国[146] 囊括其中。由于英法敌对重现，晚近那么喧响的英俄世界竞争低沉失声。对法国大革命，没有谁比叶卡特琳娜掷出更具威胁性的话语，但也没有哪个国家在开始时采取的行动少于俄国。

皮特的外交成功并无任何军事胜利配对。新法国一种精悍的活力继续增长，令路易十四麾下久经沙场的军队取得的任何成就都黯然失色。这些军队在联省议会的两栖领土上很快就打成僵持，多年战争的唯一结果只是夺占几个要塞。相反，迅速聚集起来的革命军队扫荡了奥属尼德兰，接着好似一夜之间就取得了路易在其最大胆的梦中追求的东西：它们击碎了荷兰的力量，而且由本地爱国者派别协助，在其废墟上建立起附庸巴达维亚共和国。荷兰可能依然排在欧洲富国之首，但从那时起，它像个柠檬似的可被这崛起的霸国挤榨。

对英国和世界来说，这进程的种种后果是否确实像它们在 17 世纪时那么大？诚然，英国不再拥有欧陆桥头堡，而且在近半代人时间里，直至它干涉伊比利亚半岛为止，未在陆上战斗中起任何作用。这期间，它仅以巨量资金养战。英国继承的荷兰贸易有助于增多这些资金，荷兰殖民地——与大多数法国殖民地一起接二连三地落到了英国手里——也是如此。相反，法国缺乏一支具备有效打击力的海军，无法充分利用它征服了的基地。由此，一百年前可能会招致整个国际体系内出现一个转折点的事件，现在未产生任何决定性效应。

[147]

法国多年照旧不能以其主要敌手自身的原理与之交战，与此同时后者镇静地组织了一场大规模的贸易战，那摧毁了敌人的海上交通，并且要么抑制了中立国的海运，要么将它保持在控制之下。对英国来说，甚于以往任何时候，海战成了一桩没有风险的事业。这部分地解释了聚宝盆何以不断被重新填充，津贴从那里滚滚涌流出来。然而长远看，海战将不足以填满金库。英国的年轻工业必须与其海上力量联手，共同给国家提供它需要的巨量资源。英国产品对海外领地来说必不可少，首先对大的西班牙和葡萄牙领地来说是如此，它们一直被英国的贸易战切离开来，与母国隔绝。可以说，由私人企业扩散的英国工业文明帮助了战胜法国政治文明。

可是，法国人像拥有魔力似的节节猛攻，不但在尼德兰，也在莱茵河沿岸德意志领土和意大利。尽管未将交通技术革命化，这新文明却仍然确立起了一种与空间和时间的新关系。

然而，产生这结果的不仅是法国的打击力。一个与该共和国战争的国家——俄国——作了一份贡献。叶卡特琳娜在德意志强国投身西方而无暇东顾的时候，本将万分高兴攫取整个波兰。虽然这证明不可能，但她还是能重演俄国的老把戏，即挑拨两个德意志对手彼此龃龉。这位女

107

[148] 皇与普鲁士安排第二次瓜分波兰时，奥地利被蒙在鼓里；而在第三次瓜分时，过程大体上被反过来。通过在俄国政策的传统向外路线之一即中央路线上进一步前推，她从西方的战火中大大得益。然而令她沮丧的是，她的行动使可恨的革命者们得到缓解，还导致普鲁士退出反法联盟。世纪伊始，俄国在波兰的干涉削弱了法国的重要前哨之一；现在，它有相反的效应，因为法国不再在波兰有任何威望可失。假如叶卡特琳娜在位时间更长些，她大概会扭转路线，开启一种较积极的政策去对付法国的危险。

这将是她的儿子保罗的任务。她在权势的一种宏大应用前夕死去，那将伸展得远超出她本人的俄国的势力范围。因为长远来说——不逊于英国——东方侧翼强国不可能依旧无动于衷，坐视法国火山从欧洲政策的诸喷火口中间轰然崛起。

可是起初，腾升中的拿破仑打了一场辉煌的战役，带来了欧陆广泛的和平。在坎波福尔米奥条约中，法国取得它前所未有的地位。16 世纪以来它的最野心勃勃的统治者们立意要陆续达到的一切目的，现在一举实现：在意大利，取得查理八世、路易十一和法兰西斯一世梦寐以求的一种支配地位；在德意志，十拿九稳地取得莱茵边疆，那符合自然疆界纲领；还有，部分公然、部分伪装地控制低地国家。以大致同样的方式，1938 年至 1940 年时革命的德国见到所有金苹果都落到它兜里，那是先前世世代代一直企望的。在这两个场合，所缺的都只是一件事：与

[149] 英国媾和。

法国是否没有手段去对付它的主要敌手？它的解体了的海军仍在重建；然而，远征埃及可能是合适的，特别因为自从西班牙站在法国一边参战以来，英国已撤离地中海。

拿破仑的埃及远征用意何在？在中世纪，西方世界的推进线，尤其是法国的推进线，一直在东南方向。土耳其人阻扼了它的道路，从而

使西方的累积的能量转至大洋。然而，土耳其障碍已经腐朽。难道欧洲的能量河流不能再度找到它的旧日河床？

无论如何，从那时起，追求霸权的大陆强国已接二连三地执着于一个希望：在那个地区恢复它们的立足地，以补偿它们对大洋控制的丧失。如果它们能在亚非两洲的交接处站稳脚跟，大陆原理就将赢得一场对海洋原理的决定性战役，对欧洲半岛的包围就会被打破，它们就会躲在俄国巨人的护卫之下。简言之，笼罩在欧陆头上的西方和东方梦魇就将被移除。可是，这种移除要以什么为代价？代价是体系的自由。因为，只有一个取得了霸权的强国才可希望冲出这致命的包围，而且这么一个强国的成功必然使它在欧洲的统治永久化。

法国的遥远殖民地要么已丧失，要么已被切离，因为母国无法在海上与头号海洋强国竞争。然而，埃及有望给靠近本土的殖民活动提供一个机会；因为，即使一支赢弱的海军，只要集中在地中海，就能维持与母国的交通。如果这场赌博成功，那么与在遥远的密西西比或圣劳伦斯 [150] 河畔相比，该国的大陆权势工具便能以更多的武力应用在相对邻近的尼罗河畔。

拿破仑的埃及战役引领了法国殖民意愿的指向变更，那在19世纪和20世纪将导致宏大的、巩固了的第二轮法兰西殖民帝国；它将以一种真正的大陆精神得到造就。然而，比较拿破仑在其埃及远征上寄托的希望，这第二轮殖民帝国似乎渺小。因为，征服埃及意在瘫痪第二轮不列颠殖民帝国，它的最有价值的成分是印度。在印度，英国找到了对已丧失的美利坚殖民地的一种替代。

英属印度是个多么令人惊异的现象！一个欧洲小岛国主宰了一个遥远的巨型次大陆，那里当时住有两亿亚洲人，其中某些富有文化教养。由欧洲大陆的军事大国之一去确立这样的统治属地可能并非超出想象；然而，在所有国家中间，非军事、非官僚的英国怎能实现它？在此，它毕竟不像在北美得到强有力的对外移民潮协助。葡萄牙和荷兰，两个更老的海上强国，总是满足于至多占领印度次大陆上的贸易站。当我们考虑另一点时，我们对英国的成就变得更加惊异：它穿经印度扩展自己的权势，与此同时它大力从事别处的武装冲突——在七年战争、美国独立战争和拿破仑战争期间。

[151] 事实是，在印度，盎格鲁—撒克逊私人主动性取得了胜利，其规模不亚于它在北美取得的，虽然它在这里的壮举属于另一个范畴。在其印度外交方面，英国人显示了完美的技艺，挑拨腐败的当地王公互斗，后者颇为有序的凝聚状态已随莫卧儿帝国的倾覆而荡然无存。在财政领域，英国人成功地就地获取的利润，绰绰有余地弥补了一切开支。在军事领域，他们能为所需的努力使用大多是当地的兵力；通常，印度兵在数量上比白人部队多五倍，后者大多仅被用于训练目的和作为一种粘合力量。伟大领导人——克莱武和黑斯廷斯，相当独立地发展着，在伟大机会的挑战下成长。没有指导他们的指令，肯定全无来自英国政府的，他们仅以私有的东印度公司名义行事；而且，只是一项意欲抵制法国在印度扩张的政策变更，才为他们的斗争取得了来自国内官方的一定分量的支持。与法国政府富有特征地给它在印度的前锋掌握运用的手段相比，这支持微不足道。如果说英国人尽管如此，仍成功地逐渐将他们的竞争者逐出印度，那么他们所以能这么做，是因为可倚靠他们公司的财富，换言之可倚靠私有资源。

然而，有些法国军官和居民留了下来，在世纪末依然是英国人的肉中刺，并且在当地统治者中间找到了庇佑人，后者对英国人来说可能变得危险。拿破仑的计划是与印度王公合作，经埃及重演亚历山大大帝的远程进军，亦即使用大陆权势工具，去从英国人那里抢夺他们以海洋手[152] 段赢得的大奖赏。开凿苏伊士运河这老项目被包括在这样的计划内。（在此出现了后来被第三帝国用的王牌，虽经以不同方式洗牌；类似的形势必不可免和一再反复地滋生类似的计划。）

几小时时间里，阿布基尔海战倾覆了这些大胆的计划。现在，世界首次认识到下述行动的充分历史性重大意义，那就是英国在西班牙继承战争期间插入地中海，此后又顽固守卫直布罗陀抵御最猛烈的攻击。在此，如果说在任何一处，数量不很多的一些木制战舰——它们从一个人口相对少的海岛派出——已环绕活力旺盛的欧洲大半岛编织的无形网络，本该被撕开一个裂缝。可是，这网络坚持住了。多亏直布罗陀，纳尔逊的舰队驶入地中海，又多亏他和他的舰员们的优越航海技能，摧毁了一支同样规模的法国舰队，而因为马耳他当时在法国人手里，这功绩就更值得称赞。认识到马耳他的重要性，拿破仑在出行途中从圣约翰骑士团夺得了它。从此往后，英国人努力争取对这个关键要塞的占有，不久就将以高政治旋涡里的一种特殊方式夺到它。

随着阿布基尔海战，远征埃及失败，不管现在被切离其基地的法国陆军可以赢得多少陆上胜利。再一次，大陆军事努力与海上海军努力之间残忍的不相称严酷地暴露出来：以仅仅 900 人死亡为代价，英国就能挫败一个大陆霸权国突入外部世界的宏伟规模出击。

法国这场失败的种种后果不可能依然是当地的和有限的。它们有广泛的反响，既在欧洲，也在亚洲。

[153]

首先，它们鼓励土耳其人对入侵者宣战，从而破坏了一个同盟，那历时 250 年始终是西方外交中的一个稳定因素。在那之前，土耳其是法国的虽然遥远但高度重要的前哨。现在，它被纳入拿破仑的扩张主义计划范围，并且反复再三地被当作他的世界范围图谋的一个目标。这足够令圣彼得堡不安。不亚于英国，俄国无法容忍一个追求霸权的欧洲强国东南向突破，不管它是当时的法国，还是后来的德国。为抵制这样的企图，两个世界强国尽管互为竞争者，却仍总是会联手协作。

它们那时在欧洲再度这么做。而且，这回俄国不满足于摆出反法姿态。诚然，驱使无法预料的保罗一世投入战斗的不仅是对外政策考虑；俄国的转向也受到保罗狂躁追求合法性的推进。在这希腊化的独裁者国度，有什么暴烈的政策摆动可能不会出自君主的变换甚或君主一时兴致的变换！然而，保罗古怪的合法主义不乏某些理性依据。与法国的社会和思想情势相比，不管俄国的如何落后，如何确实根本不同，法国仍内含可燃材料，足以在俄国燃起革命思维。彼得大帝创造的权力机制之所以高效，是因为将异质的要素——旧俄东正教与世俗技艺——强制地结为一体。如果西方思想随这些技艺接踵而至，那会发生什么？如果经不当理解的遥远的事态发展引发回响，而这回响将唤起可塑的东方各

[154] 族人众，那又会怎样？这些人众是兵营和官府里的人类工具，还有耐心的农民大众，其法律地位在叶卡特琳娜治下已越来越低落。这位已故女皇不得不镇压农民起义，对于自己为何害怕法国大革命，有很好的认知：社会秩序越按照西方专制主义模式人为地被稳定，西方革命的楷模就可能证明越迷惑人心。任何大陆强国都倾向于愈益僵硬；要演进，它就需要来自上面的一种强劲主动。如果这主动来自下面，来自社会深处，那么国家就被震撼到底。对东方的大陆巨人来说，这一切是何等真确得多！俄国需要西方，但同时害怕经与西方接触而受感染。它想要征服之，然而避离被征服的受害者。保罗将所有外国人都置于最严密的控制之下，给他的臣民去国外旅行设置每一种障碍。年轻人不被允许上外国大学，因为据说在那里流行的种种有害信条容易煽惑不成熟的心灵。彼得大帝在组织去外国旅行方面一向足够有力，总是警戒从旧俄精神中冒出一场革命。现在，西方精神产生的革命幽灵徘徊在沙皇宝座近旁。只要俄国皇位存在，它就永不会离去。

因此，俄国政策向外远伸，伸入西方，超出彼得大帝和叶卡特琳娜二世总是系统地将其努力集中投入的地方，即在东欧和中欧的势力范围。显然，德意志不再有能力提供对新法国的适当制衡，像它一百年前

对旧法国有的那样。普鲁士不敢放弃中立。在两大求霸斗争浪峰之间
的波谷时期里，它的实力，连同英勇努力、伟大胆量和极端精明，使它 [155]
能够取得一种强国地位。眼下，在新求霸斗争加剧着的喧嚣中间，懦弱
的柏林政府相信自己能靠继续消极无为去维持这地位，能靠无视暴风雨
的强烈效应而躲避之。对法国来说，奥地利单枪匹马，不再是危险的敌
手，像它在两个强国出现于德意志舞台以前的那样；然而，奥地利决心
要修改坎波福尔米奥和约，要确保它在阿尔卑斯山南北两侧的利益，因
而它抓住机会，作为事实上的中欧支配性强国加入新的反法联盟。

　　可是，它的军事表现完全不及俄国。直到那时为止，意大利、瑞士
和荷兰直到从未见过一个俄国兵，现在却见证了这些来自东方的半蛮夷
的英勇行为。当俄国军人穿行于西方中心时，他们可能有幽灵气息；然
而，俄国兵力与一支英国分遣队一起在瓦尔赫伦岛登陆，俄国部队在
英吉利海峡诸岛过冬，显示了俄国活动范围的离奇扩展。可是，以其
全部英雄主义，这些人是在为一个疯子而非任何经清晰设想的国家政
策战斗；保罗先与奥地利决裂，接着又与英国分手，最后实行致命一跃
（salto mortale），落地后与法国及其大统治者结成热情的伙伴关系。

　　与此同时，拿破仑从埃及返回后，靠雾月政变成为法国统治者。以
巨大的一击，他击倒被俄国舍弃的奥地利，在一阵辉煌的荣耀中恢复了
欧陆和平。海上和平和对英胜利仍有待实现。拿破仑希望经过与沙皇的 [156]
联盟实现这两者。

　　美国独立战争期间，一个大陆统一战线对英国有多么危险已变得
显而易见。现在，如果两个最强的大陆国家要联起手来，事情会怎样？
难道它们的同盟不能一劳永逸地解开海岛斯芬克司之谜？拿破仑狂热
地起草一个又一个计划。他的图谋是在佛兰德和布列塔尼准备一场对这
海岛的直接进攻，同时法国和西班牙舰队将在地中海与俄国黑海舰队会
合。他以一项开凿苏伊士运河的计划引诱保罗，那将便利俄国与东印度

的贸易。关于东印度本身，拿破仑现在的目的是经陆上通道接近之，而且与他的新盟友一起征服之。他的有力想象完全点燃了这位沙皇的病态妄想。保罗派遣一支哥萨克大军向印度进发，敦促法国人登陆英国，并且不久就恢复了叶卡特琳娜时候的武装中立联盟。随丹麦加入这协约，英国不得不派一支舰队前往哥本哈根，以便夺取波罗的海的这把门钥匙，而纳尔逊成功地摧毁了丹麦舰队。然而，与他在丹麦海峡的胜利喜报相比，沙皇已被暗杀的消息在伦敦触发了更大的轰动。

拿破仑为成功而要求一个疯子援助的计划破灭了，犹如一个浓艳的肥皂泡。来自圣彼得堡的震惊性消息令他勃然狂怒；因为一件反英武器
[157] 已再度从他手里被打落。不再有条件希冀经过胜利去实现早日和平，他现在准备讨价还价，求得一个经谈判的和平，那将给他时间去巩固他的巨大的欧陆地盘。

然而，英国能否在大陆霸国空前威胁性地扩张着的时刻进入这么一个安排？ 1792 年至 1815 年间，在所有上阵反法的国家中间，英国实行最首尾一贯的战争政策。事实上，这场霸权斗争与它的前驱和后继相似，本质上是海洋原理与大陆原理之间的斗争。

尽管如此，在 1802 年，英国确实一度屈从厌战情绪。在法国，新文明由于其政治侧重，有助于战争动力，而在英国，它在私人生存和经济生活中见其效应，偏好和平利益。皮特倒台。英国人不愿意像他那样去看待拿破仑；他们依照自己的一厢情愿去看待之。英国偏离轨道，以招致持久和平；没有进一步的纷扰，它将比利时——那么经常的是争执焦点——出让给法国人，而且甚至未保证毫不含糊地恢复荷兰的独立。它差不多无动于衷地损伤了自己的一项历经考验的传统原则，即永不将低地国家的河流三角洲留在欧陆霸国手中。事实上，人们几乎无法再谈论欧陆均势。

与此相反，英国的大洋霸权更加不成问题——在此有着对它的温和

政策的某种解释。这霸权允许它将一大部分晚近占领的殖民地还给它们的大陆所有者，特别是法国本身。英国在地中海的霸权不那么肯定，那自远征埃及往后，须被认为对海洋原理的未来至关紧要。尽管如此，法 [158] 国人仍被逐出了埃及，因而英国相信自己能冒风险，向圣约翰骑士团出示归还马耳他的前景，那是它刚赢得的关键要塞。

如果有经过英国方面的灵活而非弃让达成一种长期解决的任何可能性，那么机会在于它在亚眠条约内同意的种种条件。

这么一种解决的前景因为法国人民的情绪而更鲜明，那像它任何时候曾有过的那样接近赞同之。狂风暴雨的十年过后，这个民族免于来自邻国的危险，并且——除殖民奢侈外——在经济上足够自给自足，以致不要求依据经济理由的扩张，因而最想望的莫过于和平地享用它的大得难以置信的利得。

然而在欧陆，公众舆论没有像在不列颠列岛那样的分量。只是在国家领导已证明不确定和没运气之后，公众舆论才靠诉诸革命去张扬自己。面对一位懂得如何始终坚定掌控军事官僚机器的意志强劲的统治者，公众舆论最后会愿意追随一个人的大胆领导，此人似乎体现了民族的精神与其权势。反对派成分杂乱，未能找到一个对极去团结起来；他们被驱至阴谋和叛变，照旧七零八碎地分散在国家生活边缘。这个"大民族"（grande nation）的每个成员都怀抱一种潜伏的渴望，渴望他的国度取得荣耀，那在当时的环境中意味着霸权。对谋求实现它的努力所固有的危险，总是很少有人理解。法国人，一个欧陆大民族，不能认识到他们的小岛对手的无形实力，未看到大胆的博弈与无望的赌博之间那狭 [159] 窄的界线。于是，他们无法甩脱背上的骑马人，后者将全民族与他一起拎高，跨越了那么多高栏。他们将跑下去，直到他们在国外的灾难中崩溃、在他下面耗竭为止；而且，这个将全民族飙升般拔高到巅峰的魔鬼般的人物，其素质本身将造就它的急剧跌落。他的昙花一现似的成功将索取可怕的代价。

可是，一个有波拿巴的性情的人怎么可能半途而止？世界霸权观念带有一种力量独特的诱惑。为获取它，即使合法的基督教国王腓力和路易也从他们的民族榨取了最后一点力量；拿破仑是大革命之子，在其中权力意志驱离了信仰和传统的一切平静化影响。他充满对旧社会的冷酷无情的雅各宾优越意识，是个没有来自法语世界边缘的纽带的冒险家，尽管出生在一个海岛——地中海海岛，但其全部兴趣都是大陆式的。他受追求权力的激情意志驱使，身处他的欧陆胜利的巅峰，怎能认识到包围着他那武装到牙齿的巨型帝国的无形网络，有神秘的经久性？大陆的大统治者们总是处于过分高估其可能性的危险之中。如同所有别的激情，权势贪欲趋于甩脱制约和制衡，招致其受害者的败坏。

事实上，亚眠和约之后，这样的败坏开始在波拿巴的行为举止中表现出来。让和平机会像实际上那么迅速地耗竭绝非他的本意。他大概计划多年置身于该和约的掩饰之后，为的是加固他的阵位，并在大洋两[160]岸一段接一段地扩展它，以便从事新的武力冲突。然而，以他的狂傲（hubris），他不仅过分低估了敌人，而且在贯彻他自己的目的上犯了错误。不顾条约的文字和精神，他在意大利、瑞士、德意志和——就英国而言最敏感的地方——荷兰向外到处铺开；无疑他要重建它的主权。实际上，无论有无条约，甚至争夺地中海的斗争也在继续；拿破仑觊觎北非中央部分，而且再度觊觎埃及。他的目光又一次朝东印度漂泊。一整支军队被载运到西印度群岛，以便恢复在那里信誉扫地的法国统治。甚至重开争夺北美之战似乎也在变得可能。拿破仑适才从西班牙获取了路易斯安那。诚然，他不久就将它卖给了美国，但只是在战争行将再度爆发于欧洲、美国的善意对他显得比不牢靠地拥有那远方领地更重要的时候。不仅如此，法国海军——它本可能确保与路易斯安那的交通——尚未准备妥当。

以法国掌握的一切手段去推进的海军军备重振，在英国引起了惊恐。如那里的人们所理解的，亚眠和约虽然并非意在稳定欧陆均势，却是要在英法各自的世界势力范围之间确立这样的一种均衡。英国人失望了，后悔自己急于准备妥协，于是重开战争。命运展开，而且对我们德国人来说，那个进程的每个阶段读起来就像我们自身历史的一章。

第一阶段是在布洛涅设营扎寨，那里欧陆霸主忙于登陆规划，其大胆恰如其外行。某些历史学家提出这些准备仅是伪装，以便掩饰集结一 [161] 支大军，用来打击欧陆敌人；然而这看法已被抛弃。拿破仑极为认真。假装虔诚地得意扬扬，他告诉一位俄国外交家：新战争很可能的后果使他作为一个欧洲人满心恐怖，倘若有一天消息传来说英国不再存在，他会像俄国一样深感悲伤。他的大本营里希望高昂；塔列朗关于这个时期的日记用了同样自信的措辞。起初，登陆将由得到护航的渔船去实现，而护航为保证出敌不意，只靠小型武装船只。可是据最后计算，需要两千艘这样的护航船只；而且，港口不够大，无法容纳它们。不仅如此，试验航行表明它们多么仰赖天气。因而，决定战舰掩护登陆，战斗夺取对海峡的控制，至少几天如此。可是，法国海军证明太弱，无法履行这任务。难道这一切听起来不像 1940 年夏天？

布洛涅是第三次企图，在远征埃及和与沙皇保罗合作的计划之后，以便前去用海洋手段与敌较量。一旦这第三次举措已证明不可行，拿破仑就迈出分明的步伐，试图在大陆上更进一步扩展他的统治——暂时靠和平的、哪怕是冷酷无情的方式，以间接手段令英国屈膝。由此而来的是大陆上的新战争。大炮轰击时，它们向相反方向开火，此乃腓力二世直至希特勒所有求霸斗争的一种典型的事态转换，普鲁士的外交家们有言在先：如果他的登陆计划化为泡影的话，已经搞定汉诺威的波拿巴将 [162] 在大陆追求进一步补偿。

当然，由于对其势力范围的众多侵犯，俄国为首的保持住自身独立

117

的大陆国家已变得心惊胆战。如同英国，俄国的紧要利益在于加入反对任何求霸的欧洲强国的行列。只是保罗的疯狂，才使他对这项原理的要求充耳不闻。沙皇亚历山大服从这些要求。他的首相担心，法国人可能北面取得对丹麦海峡的控制，在波罗的海封闭俄国，南面克制土耳其，并从那里用西方思想感染乌克兰。然而，这位沙皇本人对法改变态度的决定因素或许是处决昂吉安公爵。一个波拿巴牌号的人无法预见到一点，即这项雅各宾主义行为——他的一次故态复萌——将对依然活跃的西方世界道德敏感性有多么巨大的效应。

于是，第三次反法联盟问世，此乃现在重新掌权的皮特的最后成就。这个联盟的核心是两大侧翼强国的同盟。分裂的德意志在其中仅由奥地利代表，它作为一个次要强国显然是在压力下加入的。普鲁士即使在这晚期阶段也坚守中立，不料孤立之中遭受了一场提前到来的灾难性失败。

从海峡岸边横扫直入欧陆心脏，拿破仑赢得一系列新的闪电般胜利，这些胜利使他从奥斯特利茨和耶拿再到提尔西特条约。虽然比先前 [163] 的成功更辉煌，这些血腥的胜利却代替不了他未能在布洛涅采取的行动。"只要没有与英国的和平，所有其他和约都不过是停战协定。"他在后来一个场合说道。

特拉法加海战确保了布洛涅计划不卷土重来。如同在拉荷格，法国舰队成了一位全不懂海洋的总司令的受害者。我们不能不惊异代价之小——449人阵亡，此乃英国甚至为这胜利也须付出的，而这胜利给它带来了行将一百年始终不受挑战的制海权。诚然，纳尔逊跻身阵亡者之列。

这单独一场海战何以给胜者经久的制海权，而在前两代人时间里英国的优势却反复再三地受到法国新造舰的挑战？技术方法尚未改变。事实上，围绕这场海战滋长了某种神话。他确实是最后一场对法大海战；然而，它所以是最后一场，是因为此后不久拿破仑便在陆上被摧毁，而这失败转过来出自他在海上不能制服英国，否则他永不会进军莫斯科。假如他在陆上得胜，他就会重开海上战斗，尽管有特拉法加之败；而且，或许只是在西班牙的起义才阻止了他重演登陆准备。让我们谨防鲁莽犯错，即以为"在这之后，所以由这造成"（post hoc ergo propter hoc）。

在提尔西特，拿破仑试图绕道而行，利用与俄国的友好关系去达到他的主要目的——战胜他的海岛敌人。（希特勒发动过一次类似的尝试。它在 1939 年的目的是无论如何使对英战争成为可能，而在 1807 年，目标则是结束战争。）拿破仑已将俄国逐离中欧，那是一个自从保罗登基 [164] 往后它一直往前伸入着的区域。然而在提尔西特，他仅处于俄国边疆：他未击败俄国。虽然有他近来的一切胜利，他仍未能结束大陆博弈，那是因为放弃他的登陆计划而被强加于他的。尽管他的权势范围不可比拟地扩展，他的境况仍未强过腓力二世和路易十四。可是，假设他会成功地将这博弈搞成平局，在最有希望的时刻因为保罗被暗杀而烟消云散的法俄协作得以复兴，那么情况将怎样？

保罗是个疯子，而亚历山大一世，一个多面人，却拥有某些统治者素质。法俄同盟对他很合适，作为一个手段去不受损伤地摆脱一场尴尬的战争；然而，他不可能被诱入一种缺乏真正共同利益的共同政策。俄国可以一度默许拿破仑帝国的空前壮大，但只是依据一个条件，即要给予它相应的让步。由于它的存在已久的西向势力已遭阻抑，波兰华沙大公国被设立在它自己的边境上，发挥一种东向吸引效应，因而俄国必定至少要求通往南方的道路不被阻塞。在那个方向上，若干推进线对它敞开。无论如何，君士坦丁堡将是个给他的补偿。

然而，亚历山大将了解到，他的伙伴完全没有放弃在东方的野心；认识到这些可望给他一个突破，去进入敞开的广袤地域，那里没有大洋舰队也能成功地推进。当然，拿破仑就下列举动放出含糊的暗示：瓜分土耳其；计划合作进击印度，先前他以此点燃了保罗的想象力；还有针
[165] 对瑞典采取共同行动。可是，亚历山大必定意识到，他的帝国只是在一种仅一方得利、另一方受损的伙伴关系（societas leonina）中，作为一个附庸被拉拢。不仅如此，英国入侵伊比利亚半岛和西班牙民众起义的消息使他明白，通天塔的基础正在显现诸多裂缝。因而，拿破仑的伸手一无所得。提尔西特友谊之花不结任何果实。它正好在皇帝瞄准引发英国阵线崩溃之处——他经大陆封锁体系发动了的贸易战方面——失败了。俄国的贸易适合于用木材和农产品交换英国制造品。这交换的停顿以无可计量的拮据威胁这巨型帝国。

对旧俄的东正教信仰者来说，他们的沙皇与西方不信神的皇帝结成的同盟令人厌恶。而且，如果这个同盟竟达到了目的，消灭了英国，沙皇就只会发觉自己单枪匹马面对皇帝，后者是个甚至现在都不愿让其伙伴作任何扩张的盟友。前景绝非诱人。

尽管如此，提尔西特友谊仍本将有助于拿破仑，假如他的唯一目的是掩护自己的后方和靠自己的力量制服英国——用海洋手段制服它。然而，从布洛涅特别是从特拉法加往后这全无可能。法国能做的一切，是继续应用大陆权势工具——大陆封锁体系如其用语所示乃是其一，且无任何速成和决胜被期望出自这些方法。

于是，这个同盟在基础上脆弱，在根本问题上缺乏共同利益，这使它有充裕的时间去生效。含糊暧昧、互不信任和最终变节损毁了这两个
[166] 人之间的关系。

这些关系在1812年崩溃并非没有先兆，在许多别的点上早已出现迹象，表明拿破仑帝国的衰败。它们大多与运气不佳的大陆封锁体系相连，那是逐渐蔓延的毒汁从此经拿破仑大帝国到处散布的感染源。大陆封锁体系，一种不用真实武器的战争，比血腥的战役更耗竭资源。发动

血腥的战役也注定无劳，只会缩短大陆封锁体系的存在时间。它在某种程度上预示了现代战争的物质配额和配给券制度，除了它造就的短缺并非英国封锁的后果，而是出自大陆资源锁闭，即一种反封锁。这不是说大陆因此为维持自身而倚赖海运供应；然而，像到头来证明的，海运在它的经济中发挥了一种大得多的作用，大于在早先的几个世纪，当时与这海岛王国的武装冲突仍引发了严重的经济纠结。与此同时，制造业在英国已兴旺繁茂，大陆农业国则已成长得习惯进口英国制造品，特别是纺织和钢制产品。因而，当这些供应枯竭时，俄国不是唯一发觉自己陷入困难的国家。那时兴起的新工业不足以弥补所失。大陆封锁体系在其所及之处，无不种下对这在经济领域和其他方面享有特权的暴君和"大民族"的仇恨。走私变得到处蔓延，对拿破仑帝国本身的可靠性的信念饱经销蚀。

　　表面上，走向大陆统一的趋向继续取得进展。然而在第一个大阶段之后，伴随其间法国的令人吃惊和陶醉的扩张，紧接着来了第二个大阶 [167]
段，那被注入强制、怀疑和愤慨。一种恶性循环被造就出来。普遍帝国吞噬了一个又一个国家，为的是被反复戳破的封锁可以得到较有效的强制实施。不得不增多驻防军，以便防御英国人从海上来的入侵（他们无孔不入）和扑灭在内地的抵抗运动。然而在伊比利亚半岛上，入侵和抵抗都无法阻止；它们撕开了一个伤口，那不会被治愈，而会吮吸掉拿破仑帝国的实力。

　　大陆封锁体系令侵略者自食其果，同时对它攻击的国家未能达到希冀的效果。英国制造业体系据以加剧大陆经济易受伤害性的过程，也增进了该岛经济的不易受伤害性。皇帝乐观地算计英国经济实力将被搞得瘫痪，但这极少得到事实证明，就像后来在一个类似的形势下德国领导人算计的一样。那同一些无法在海峡彼岸销售掉的产品——尽管有巨量走私和对封锁的其他渗透——征服了海外市场。英国是这样容易地做到的：追逐中立国船只，将其赶出大洋，并且除美国外不用害怕任何竞争者。1812 年时，拿破仑本人发出沮丧的预言："两年内，南美洲的新市场将绰绰有余地抵消我们大陆封锁体系的功效。"诚然，英国人口的不少部分有重担要承受，但他们忍受住了。海岛团结意识令拿破仑那么急切地等待的动乱全无机会滋长，而且尽管有一个个部门内的窘迫，经济整体依然免遭危机。这一回，海岛特质同样维持了它的神秘的力量。对着它，犹如对着某种暗礁，或许有十倍数量优势的兵力再一次兴师徒劳，出击无功。

[168]

何等的奇观！一个辉煌的、军械林立的巨型帝国，十余年来竟然从未瞥见它的死敌，像一头在网里的被俘的公牛那般翻滚扭动，即使有它的全部血腥胜利，也只成功地将这围着它的大网抽得更紧。面对它，一个机敏的对手在遥远的伊比利亚半岛接近这受害物，那是他自己选择的地方，在他自己决定的时刻。那里，他出手打击，令他的受害物受伤连连，直到在尼德兰这传统的战场上给它决定性的一击为止——这一切都只伴随他本人的最小限度损失。在 22 年战争岁月里，英国在欧洲土地上损失不过 5 万人，包括其德意志辅助部队所遭受的伤亡。

这战争时代里，大多数战役同样是由英国的大陆盟友打的。在它们中间，我们必须将俄国与旧欧陆国家群体区分开来。前者方法受损，但主干完好，要使它能适于打仗不需任何基本的更新。可是，旧欧陆诸国在被击倒、被缴械、被肢解甚或被新构造取代之后，怎能恢复它们在方阵中的阵位？它们需被注入新鲜的精神能量。它们从民族主义思想那里吸取能量。

在海啸压倒性地冲涌过来的年代里，情况可能看来好像罗马帝国（imperium Romanum）正被复兴；好像中世纪期间仅以朦胧的轮廓实现了的统一趋向现在将取得巨量实质，在一个迅速迈进的文明的能动刺激下。所有国度里，随潮上涌的各阶级的新精神一度乘风扬帆航行，而

[169]

风就是法国的革命性的人类概念。旧欧陆各族人民似乎是皇帝手中的蜡，现成可塑，被塑造为一种普世形态。让我们想象，假如一个大陆牌号的统一的欧洲能作为世界权势和文化的中枢张扬自己，那么后果可能如何？让我们试着估计这么一个事态转变可能拓开的种种可能性，还有它可能闭绝什么别的可能性。没有许许多多自由竞争的民族，自那时以来被造就的那么多价值就将无法想象，如同当今悬在它们头上的威胁那样。

然而，堤坝挺住了；英俄两国屹立如初。普世洪水退离，历史性模式重现。拿破仑的帝国被迫令其权势资源过度紧张，丧失了魔力。又一次，欧洲的分裂趋向战胜统一力量，而这次是永久地。不仅一个由许多国家组成的西方维持了它的持续性，而且依靠采取新精神和吸纳新兴社会阶级，获得了巨大的新鲜资源。它这么做是经由民族主义概念这个媒介。

这个概念首先激励了法国的造反大众，在他们击退外敌之际，现在又转变和激燃了法国的反对者。各民族的巨型大众人格充满自信地登上舞台，激情洋溢，意欲强有力地表现自己的秉性，永不再像蜡似的可塑，而是从现在起坚硬有如水晶。新的民族精力作为盟友强劲有力，但也令人不安，涌入旧国家的新构造，给它们力量去重新崛起，并在打击皇帝的方阵中取得它们的阵位。这些国家能否仅凭英国的帮助重获自己 [170] 的自由？或者，它们能否自力更生地这么做？如果这样，那么经怎样的牺牲，究竟何时？

无论如何，年轻的东方侧翼强国确实给了无法计量的救援，援助在争取自由的斗争中的旧欧陆。并非俄国发动了进攻；在进攻方面，它的最大资产不会有效。然而，皇帝本人觉得被迫要采取攻势，如果他希望实现他的主要目的即搞垮英国。与亚历山大的协作始于那么多希望，产生的效果却少得像先前与保罗的协作。由于其本性，俄国永不可能诚心支持任何谋求西方霸权的强国。然而，这样的支持对大陆封锁体系来说必不可少，后者如果在它环绕大陆的网上有任何漏洞就必然无效。

因而，皇帝别无选择，只好对一个顽固的俄国使用武力。他还不得不考虑，如果他自己不进攻，对手就可能在他最不利的时刻，迟早将战争强加于他。英国可能与俄国联手，在东方点火，像它已在南方、在西班牙做的那样，以文火慢烤帝国。拿破仑在自身实力的消耗进一步加剧以前，对敌先发制人比等待明智——这意味着预防性战争！"损害那仍可能成为英国盟友的唯一大国的力量，由此剥夺英国组成一个新联盟的每项希望：这是个伟大的、崇高的想法"（拿破仑致科兰古）。实际上，此乃布洛涅和特拉法加的苦果：拿破仑不得不以范围愈益宽广的陆战为[171] 手段，去间接地与他的海上敌人战斗。随其运气类似地低落，腓力二世也曾不得不做出极端的决定，但他是勉强地做出的。相反，拿破仑充满狂傲的自信，于 1812 年 6 月 21 日跨过尼曼河。

正如他的种种算计在西方落空，因为他盲然无知海洋世界，眼下它们也在东方流产，因为巨大的欧亚旷原陌生古怪。拿破仑是个西方的大陆人。这同样是大陆，但不再是西方的。他是靠武力臣服旧欧陆的第一人；无论是查理五世，还是腓力二世或路易十四，都未取得任何可与之媲美的成就。然而，在这新的大陆土地上，他的履历将达到一个转折点。欧洲政治的行动场所已经因为添上俄罗斯巨型帝国而扩大；而且，对欧洲国际体系的自由来说，这项变迁的重大意义将在一个决定性时刻显示出来。因为，即使新文明，也没有提供任何合适的手段去制服东方的巨大幅员。于是，在德意志强国已表明自己不配履行这任务之后，俄国现在被搞得能够证明自己是英国之外这体系的一个保障者。俄国能腾升到世界事务的最前列，远高于彼得大帝和叶卡特琳娜治下的成就水平。

战争期间，俄国人用了先前曾扳倒查理十二的所有王牌：领土广袤巨大，本国城市被毁，气候严酷难耐。1812 年他们打这些王牌，当然不是他们历史上的最后一次。

只是当钟摆在摆回时，德意志诸国和其他国家才加入进来；最后，在两个侧翼强国领导下，一个坚固的方阵得以组成。这个联盟抓住追求霸权的强国，击垮了它。法国首都两度落入胜利者之首；与路易十四和腓力二世遭受的逆境相反，这清楚地显示了这场失败是个崩溃。到头来，法国人口的一大部分欢迎这场大败，将它当作最后的途径去摆脱一种别无出路的局势。 [172]

与第一轮法国权势浪潮不同，这第二轮并未缓慢退落。它曾急剧暴涨，作为一番意外的突击，一番要突入外部宽广世界的尝试；现在，它被压倒，与它一起的还有一个已深深耗竭的民族的精力，那是法国大革命曾动员到极限的。一切后备力量都已投入行动。

法国后来曾不止一次地摆弄对霸权的声索；然而，它永不再竭尽全力去拼斗。事实上，从那一刻起，它觉察到自己的发展落后于战胜国。它的人口数衰减。它的权势意愿曾变得与其人民的单纯生活意愿发生悲剧性冲突，从未从过度紧张复元。它就像西班牙在两百年前那样，已永远过了自己的巅峰。一个骄傲的民族，从一位胜利者手中收到了一部宪法——无论其本身多么优秀——和它内部稳定的保障，随后深深受伤，无论有利的环境和胜者的明智可以使伤疤多快地愈合，它都无法充分复原。不管这个民族可以在政治领域之外保持多大的复原力，这一副弹簧都已崩断，无法再焊在一起。一个欧陆强国兴起得越高，它的跌落的效应就越长远。

法国命运的秋季由此到来之际，英国在以后两代人的时间里沐浴在盛夏的辉煌光彩中。诚然，尽管它声称是胜利的首要缔造者，但这不再像它在一百年前那样没有争议；俄国方面要求大大地分享果实。尽管如此，在其权势和幸运的巅峰时候，英国仍凌驾于它的最骄傲的大陆对应物之上。 [173]

我因此将从伦敦这制高点来审视这个战争时代的种种结果。这些结果肯定并超越了先前两场求霸斗争的结局。旧欧陆已再度表明自己没有能力产生一个霸国，而且不得不看着自己的跨洋关系枯萎凋零。这两个彼此关联的现象都有利于英国：欧洲均势间接地有利于英国，英国海外霸权则直接有利于英国。比先前任何时候都更清楚，旧欧陆以其权势的迁徙为代价，换得其自由国际体系之续存。

当时，这个过程在殖民地占有权的改变着的环境方面并未变得充分显明。然而，两个伊比利亚国家和荷兰人保有的帝国的规模，决不应使我们对一个事实视而不见，即后者的殖民地处在英国势力范围内，而西班牙和葡萄牙的殖民地——由英国援助和支持——不久便开始从母国分离。法国殖民地显然可以被认作只是旧帝国的一些残片。不仅如此，英国靠强化它的地中海地位、牢固立足于好望角和夺取锡兰，在一番将前往印度的通道保持在手的系统的努力中，显著地扩展了它的帝国。然[174] 而，比所有这些领地变更重要的，是英国的不见于任何地图的垄断，它对制海权、海上贸易和出口的不受挑战的垄断。这是威尼斯的一个世界规模的优化版。无论如何，对英国这三重垄断的侵犯恐怕只会来自一个国家，即美国。

这将我们带到这辉煌图景中的一个瑕疵。旧日不列颠帝国的中心已经崩离，而且依然置身其外。北美作为世界强国的潜能将怎样和在什么方向上发展？这对世界的命运来说构成一个头等重要的问题。美国已作为与母国冲突的一个结果问世。这冲突是否会持续下去？当时看来大有可能。

我已叙述过，当亚眠达成的和平正在证明是短命的时候，拿破仑如何将路易斯安那卖给美国。这弃绝结出了果实；因为，不管大陆封锁体系在欧洲对皇帝有何不利，它在美洲给他带来了一项辉煌的成功。它触发了英国的海上反制措施，那令美国与中立国的有利可图的贸易陷于瘫痪，而且导致了美国与其母国之间的一场新战争。这是个令人难忘的时刻：皇帝正在俄国试图强夺一个对英决胜，与此同时美国佬则在先前忽视征服加拿大之后，试图弥补疏忽，将自己确立为巨型美洲大陆之掌控权的唯一事实上的声索者。他们的尝试失败了。然而，如果做出又一次这样的尝试，那么它可能多么彻底地改变欧洲的命运！未来，英国如何能阻止一个霸国在欧洲崛起，倘若美国——形成中的一个世界强国——在后面和海上与它交战？事实上，这么一种事态进程当时被预言很有可能。可是，随美国人转身背对海洋，开始将自己的注意力投向 [175]极广袤的大陆内地，他们与英国之间的一种缓和（détente）便明显可感知到了。英国在海洋领域不得不担心的仅有竞争，愈益弱化。

未成熟的海外世界强国仅仅间或侵犯英国势力范围，与此同时欧亚内陆的世界强国却已经壮大成大陆上的一个可怕对手。在一百年前的和会上，伦敦只关心消除法国危险。现在，英国肯定同样注意到俄国的祸患。无疑，远比腓力二世或路易十四的失败更有效，拿破仑的毁灭消除了在旧欧陆的一次新的求霸威胁。然而，法国的削弱是以俄国崛起于欧陆外缘东部各地区为代价换来的。

英国更有理由要试图确立欧陆均势，作为其海上霸权的一个对应。英国的种种困难给战败了的法国提供了一个机会，那将是沙皇帝国崩解后战败了的德国在凡尔赛很难得到的。因为在 1815 年，英国不敢超出一定限度去完全压倒它的手下败敌，即去剥夺后者重演其霸权追求的能力；事实上，它必须保持法国足够强大，以便用作一个潜在的对俄制约。复辟了的波旁君主国完全符合这两项要求。倚靠他们赖以生存的持续的外国善意，波旁政权畏惧战争本身，因为它可能复兴拿破仑黩武主义。它们的地位与 1919 年后的德意志共和国相比较为有利，因为法国在 1815 年有比大革命以前更好的疆界，而且由于在经济上自给自足，[176]能容忍自己与海外领土绝缘，就像它在拿破仑治下那样。另一方面，规模可观的奥兰治家族新王国囊括荷兰共和国和奥属尼德兰，很可能阻止对低地国家的任何新的掠夺性攫取，那是与欧洲国际体系休戚相关的一个地区。而且，确立普鲁士对莱茵地区的监察，将更有效地阻碍扩张主义欲望的任何复起。

给战败了的法国让出相对有利的地位，这想法本身与英国的一项努力结合在一起，那就是通过柔韧的迂回，预先防止得胜的俄国盟友推进。法国没有被迫签署它的敌人指定的任何现成的和约。相反，通过早早干涉战胜国之间的摩擦，并且在维也纳和会上配合英国的博弈，它能够影响强加于它的条件。

英俄敌意在法国大革命前不久便走到了战争边缘，而且自此往后只因为对皇帝的共同恐惧才维持在幕后，但现在因为拿破仑崩溃而重新抬头。然而，国际体系的重新确立证明更有利于主要海岛强国，远超过有利于它的大陆对应物。由于其性质本身，英国对一个个欧陆国家表现出的威胁远不如俄国那么可怕。较小的海岸国家——瑞典（与挪威结合）、丹麦、荷兰、葡萄牙和皮埃蒙特—撒丁——愿意屈从于英国三叉戟，在它之下开始享受繁荣。还有奥地利，这个过去一百年左右如此经常地[177]与英国合力反法的内地国家，目前被俄国梦魇萦绕，在维也纳会议上支持英国。只有普鲁士与俄国的走卒沆瀣一气，它立意在德意志拓圆其领土，以作为丧失波兰属地的补偿。尽管如此，大国之间力量最弱的普鲁士，仍然成了受害者，受害于两个世界强国之间结束竞赛的互相妥协。

然而，俄国也发觉自己至少间接地受到制约，在其西向推进上。然而尽管如此，它的成功仍非常大！它正在它的西部进击前线的所有三段上前推：南面，沙皇正在逼近多瑙河三角洲，奥地利不说自明的目标之一；北面，他获取了整个芬兰，从而为圣彼得堡的暴露的位置提供了保护，并且改善了他在波罗的海地区的阵位；还有西面，沙皇自己的新的波兰王国，由出自华沙大公国的大部分领土构成，将起两个德意志强国之间宽达两百英里的楔子作用，而且看来内载扩张威胁。可是，这一切进展未将俄国带入英国的海洋利益范围。俄国在波罗的海地区的阵位扩张受阻于丹麦屏障继续存在，也受阻于瑞典实力愈益增长，该国以它与挪威的联合找到了一个对芬兰的替代。土耳其屏障的重要性依然不减。尽管有其所有推进，俄国仍未得到前往地中海、北海或大西洋的通道。因此，这个巨人像西班牙和法国先前那样直接对英国构成危险。在亚洲，形势与此类似。俄国已抵达太平洋北端，从当时的情况来看，英国对此无需担忧；而且，沙皇帝国的南部边界全都局限于大陆。虽然这 [178] 边界触及英国海洋利益范围的最北端，造成了引发紧张的很大余地，但大陆交通落后，使这些紧张加剧的可能很小。

旧欧陆以外的大世界仍是个规模巨大的权势真空。美国仍然在它自己的权势范围内忙碌，与其他强国的摩擦实属罕见。

俄国与英国虽然将对方认作天敌，却仍处在猜疑性的彼此观察、彼此试探和模糊推挤阶段。有一种前景仍极为遥远，那就是按西方历次霸权战争的方式，两个巨大和组织松散的集团之间全力拼斗。

大世界与收缩着的旧西方的基本差别恰在于此，而这是我们在评估于 1815 年造就的形势时必须牢记的。17 世纪和 18 世纪里，这基本差别在某些地区已被预示：我们已经见到两个欧洲侧翼强国膨胀得扩入世界，随之——在欧洲以外——有第三个尚属潜在的世界强国，即美国；我们还已注意到，甚至在 1789 年以前，旧欧陆的世界联系就已缩减。然而，直到 1815 年，这些趋势才产生很显著的结果。

从那一年起，两个事态区域可被区分开来。宽广的世界舞台长时期里一向只是较窄的欧洲舞台的背景，那时却获得了解放。两个欧洲侧翼强国开始同时在两个舞台上表演。美国尚仍只在宽广的舞台上动作，旧欧陆各国则整个或主要被局限于狭窄的舞台。较大舞台上的紧张尚适才 [179] 肇始，可用空间依然绰绰有余，与此同时较小舞台上的紧张在 1815 年暂时得到缓和，靠的是天然的耗竭和人为的新秩序。然而，它们将以一个可怕的规模卷土重来，因为欧陆西方在变得人满为患和由文明进步充注能量之后，鉴于海外活动机会仍旧相对有限，提供的迂回空间就甚至更小。旧欧陆，如黑格尔所说，变成了一个牢笼。

    在本研究的最后一章里，我将不得不同时关注两个舞台，关注它们的平行演化和交互作用，为的是显示一番新浪潮如何从 1815 年后那个时期的深邃波谷逐渐涌起；这最后的、德国的求霸战斗如何由欧洲以外的力量而非欧洲内在 的力量决定，这种决定作用甚至超过拿破仑求霸 [180] 战斗中所遇到的；最后，较狭窄的舞台如何被更宽广的舞台吞噬净尽。

第四章

国际体系：直至希特勒治下德国求霸努力的破灭

\ 矛盾逐步激化，直至 20 世纪初始强国重组为止 \

\ 德国霸权问题；第一次世界大战 \

\ 第二次世界大战 \

矛盾逐步激化，
直至 20 世纪初始强国重组为止

———————————————————————————

　　1815 年后的平静是田园诗般的，其程度在更早的两场求霸斗争之后闻所未闻。它显然与刚结束的战争时代里的动乱截然相反，而这动乱大于世界在先前任何时候经历过的。平静和动乱有彼此相连的根源。其原因都在于文明的愈益增大的效应，它们兜底翻耕了西方生存的全部深层土壤。这个过程给这斗争输送了新能量；它一旦结束，这同一个事实 [183] 便造就了一种需要，即经过新的平静化媒介去延缓竞斗重演。随浪潮消退，复辟将国际团结之油倾倒在水面上，使得波谷空前平滑。

　　复辟背后的人们懂得，这不仅是个拯救国际体系自由的问题，也是个保存它坐落于其上的社会秩序的问题。他们知道，反拿破仑斗争不仅针对法兰西民族力量的霸权，也针对其盟友的国际革命趋势。因此，将业经证明的外交方法应用于制衡特殊的法国政治权势是不够的，还需要去给不那么可感知的一般社会变迁戴上镣铐。既然共同的外部敌人已被征服，这次就决不允许各国在国际体系内再一次开始自由不羁，我行我素。方阵必须行列紧密，去抗击共同的内部敌人。对西方文化生存的担忧，在 1792 年被唤起，不能在 1815 年被平息下来后重新闷头大睡。前一个世纪的美好的信心一去不返。新世纪提出了一个问题：乐观的、具有战斗性的生活意志——那曾经冲破中世纪的寂静主义躯壳而迸发出来——是否会愿意从它本身已带来的祸患中学到教益？换言之，西方在这最近的阶段是否将能够抑制一个个国度的自私自利，用重新振兴了的基督教团结精神制止其国际体系之内的恒久运动？拿破仑没有成功地通过现代文明提供的暴力手段实现统一。老旧的文化观念能否在他失败了的地方取得成功？一个或许名曰"欧罗巴合众国"的自愿的联邦能否问世？它将靠精神手段抵抗精神危险，而不是将它的力量指向对付外部威胁。

[184]

这么一种事态发展有其先决条件，那将是欧洲各民族的生活方式既集体地也个别地急剧改变。不乏这个方向上的开端，但它们不标志一个新时代。它们仅仅阻滞了种种效应，而且只是在与旧国家及其旧社会阶级结盟方面才创造性地行事。这些受进步的威胁，照旧自私，像它们遭遇繁难时一样，然而设法赋予他们半心半意的团结一种精神力量外观。精神觉醒的炽热呼吸——它可能将那些自私情绪融合为一种新的集体情感——全不可觅。复辟从未超出焦虑的防守阶段。其领导人试图以种种小措施去将就对付。他们害怕使用较大和较为好斗的方略而危及平衡。

前不久还是革命洪水场所的旧欧陆是复辟的天然子宫。老旧的欧陆统治阶级，一个自认为被命运绑在一起的同质社会，倾向于将国家利益从属于针对国际运动的战斗。然而，复辟浪潮能否也被期望去淹没两个侧翼强国？它们毕竟抵抗了革命浪潮，并且张扬了它们的特殊身份。

英国牢固的海岛传统虽然对欧陆浪漫主义来说是个楷模，但就其红光满面的健壮本身而言全不浪漫。不像在海峡彼岸，在那些海岛上，对革命的担忧不主宰人们的心灵；后拿破仑时期复辟的精神在英国找不到经久的寓所。虽然英国这工业文明故乡的机体已深深受伤，但它的基础宽广和灵活可变的生活方式有惊人的痊愈力。不需与外国有任何协作去

[185]

134

拒斥内部敌人。英国相信自己有能力在自己的权势下实行独立的方针，与此同时不形成一种狭隘的、缺乏精神价值的自我中心主义。与欧陆各国不同，它不必在革命与复辟之间做出抉择。演化使英国不仅能代表它自己的事务，也能代表一种广泛的事业。

俄国的情况多么不同！归因于它的社会结构的原始僵硬，它也依旧未被西方的剧变出击；犹如英国在海上，俄国由于扩张进欧亚大陆而掌控了巨大的空间；沙皇不仅预料自己将长期在位，还怀抱一种模糊的使命感，觉得自己功高盖世战胜了拿破仑。

然而，俄国缺乏英国的民族和谐。伟大的胜利证明，叶卡特琳娜的满心忧虑和她儿子的躁狂式恐惧，远非毫无根据，却反而事实上得到了证实。一迄亚历山大开始幻想在欧陆建立一种新秩序，由他领导将各国君主统一在他那神秘的神圣同盟——基督教国际联盟——之内，赋予各国它们期盼的宪法，一项消息就接踵而来：他的胜利的军队已随身将革命传染病带到国内。亚历山大长期精神不稳定，在这噩讯的冲击下身心崩溃。萦绕旧欧陆君王们的恐惧现在也战胜了新欧陆的统治者。仿照西 [186] 方专制主义在俄国建立起来的秩序实属人为造作，这使它特别容易受西方自由思想影响。彼得大帝建树的俄国丧失了自信，遁身避难于基督教式复辟的团结之中。在继神经病的亚历山大之后上台的统治者们治下，俄国将反复再三地感到自身强大得足以在亚洲扩张，并且进击君士坦丁堡。然而，俄国的西向突进停顿下来，在欧陆人——他们受骗于自己的传统思维以及拿破仑宣传的后效——程度空前地预期它的压力会继续下去的时候。在随后的一百年内，这突进将不再重演。维也纳会议上，俄国的西进只是靠外部的外交力量才被抑阻；在1818年——亚历山大得到令他害怕的消息那一年——这推进受到俄国社会本身的最内在性质制约。它将继续停顿，直到布尔什维主义经过东方人类材料与西方技艺的又一次结合——现代结合——消除了制约为止。

复辟很大程度上归因于这停顿。它的特殊受益者是德意志强国的保守利益。基本上，奥地利和普鲁士发觉它们的俄罗斯邻居是个庇佑者而非压迫者。无论如何，俄国没有暗中伤害这些国家，而是使它们作为反西方的保守壁垒保持完好。东方列强的共同准则盖过了它们各自的自私自利。

[187] 作为一个整体看，欧陆旧国家和旧社会阶级的防御性团结当然只是对应物，对应于当时进攻性的新精神和年轻社会阶级的团结一致。

各个权势国家一起拥挤在窄小的欧洲大陆上，而在它们那僵硬和人为的构造之内，现代文明的巨大的、觉醒着的能量（人口的巨量增加只是它的一个标志）无法找到一个宽广和合适的活动场所，像盎格鲁—撒克逊空间提供了的。因而，这些以不同方式被抑制的能量在革命或战争中寻求发泄口，不顾所有由复辟操控的平静化秘方。法国大革命没有廓清氛围。只要文明继续进步，就将永不乏新的和激烈的紧张。

梅特涅将一切能动的趋向混在一起，冠以"雅各宾主义"之名。无疑，它们的根源一定程度上都与法国大革命相连。可是，从那往后它们带来的事态发展是何等众多，何等繁杂！

在法国，一个由外国支持的政权——换言之一个身为该国权势跌落的受益者的政权——不可能得民心。民族受辱的普遍感觉与中产阶级中间的一种特殊忧郁相关联；虽然他们在这和平时期里兴旺发财，但发觉自己作为准下等阶层的地位难以忍受。他们支持过拿破仑的对英斗争，现在开始从事源自英国的制造业；这事态发展不久就带来了新的社会紧张。

在中欧，所有期盼和不满都在涌入民族主义思想这个蓄洪池。一切努力的首要目的是依照西方楷模的国家统一；民族统一被认作既是在国内自由流转被压抑的能量的必要前提，也是在国外获取权势和威望的先决条件。然而，没有新旧边界线网络的毁坏，没有现存模式的重塑或倾

覆，这统一就无法实现。因为大革命和帝国而幻灭，年青一代在解放战 [188]
争期间已更走近信仰和传统，并在对拿破仑国际帝国的战斗中致力于民
族复兴。现在，这些年轻人对战斗的结果深感失望。普世革命情绪再度
开始蔓延，其目的不是否定民族主义思想，而是经各民族中间的互相支
持和反对它们的政府来实现之。诸如当时形成的攻击力量中间的团结导
致私利冲突较容易调整。

在这改变了的氛围中，欧陆的目光再度转向巴黎。法国人民似乎不
再构成对其他民族的自由权的一个威胁；然而，法国依旧是一切自由主
义、民族主义思想的发源地。战胜国人民为自己得救而期盼一场战败国
人民的起义。如果法国人甩脱条约镣铐，自由决定他们的政权，那么欧
洲的一切能动力量就能指望法国的鼓励或支持。尽管有 1815 年时的遭
遇，法国人依然没有丧失作为一个肩负欧陆命运的民族的光环。他们的
思想统治依然未经损害，甚至在他们对权势统治的追求崩溃之后。

在俄国，就社会而言大陆上最原始的国度，民族统一不是个激发感
情的问题。相反，出自彼得大帝的无机构造的那些颇为特殊和基本的问
题冲到表面，特别是农奴解放。

然而，平静的复辟岁月里，藏在光滑的表面之下，有一大批愈益增 [189]
多的能动力量，而只要各国政府依旧团结一致，它们就无法抬头冒顶。
在这些力量能够突破出来的地方，例如在意大利和西班牙，它们被种种
经协调形成合力的措施重新按下。可是在 19 世纪 20 年代，这团结在边
缘处松弛下来。英国，在列强中间对复辟的态度最为独立，随着它将注
意力转向去增进欧洲以外的利益，成了从这团结中自我解放出来的第一
个国家。另一个侧翼强国俄国步其后尘，去追求它在亚洲和巴尔干的特
殊利益。不过，欧陆本部的大部分依旧在复辟旗帜下抱成一团，直到法
国 1830 年七月革命在它当中撕出一个缺口为止。在一个新的、暴风雨
般的局部战争时代，1848 年二月革命将释放旧欧陆上各国各民族长时

间被压抑的自私趋向。

当我们追踪来自边缘的复辟崩解时，我们从狭窄的欧洲舞台被引导到宽广的世界舞台。19世纪20年代初，英国从复辟事业抽身而出，去照看它在反叛的伊比利亚殖民帝国的利益。它长达250年始终试图渗入这些领地。它发动西班牙继承战争，主要是为避免被路易十四在海外抢先。我先前指出过，在大陆封锁体系岁月里，海外市场对维持英国的经济抵抗力起了什么作用。现在，出人意料，危险再度出现，法国可能立足于这些市场再度升起。法国在维罗那会议上受五强集团付托，委以将[190]西班牙自由派镇压下去的任务，它也采取步骤去迫使同情他们的殖民地回到它们的合法统治者控制之下。成功本会给法国一个在美洲的新立足地，使它能突破将其与海外土地隔离的屏障，从而瘫痪英国的晚近造就的海洋垄断。英国群情激愤，势如风暴，而有特征的是不分党派全都如此。接着，以其可靠的本能，私人主动性——自海盗岁月往后英国威望的源泉——站到西班牙造反者一边，从而既支持自由事业，同时又护卫它自己的利益。政府跟随公众舆论。坎宁虽然是个保守派，却着重地将自己撤离欧陆复辟事业。正值欧洲各国政府心怀恐惧地压制任何风吹草动之际，大洋远岸的一整个大陆却在英国海军保护下改换了主人。哪里有另一个海军强国去挑战它？

通过欧洲的最老殖民地的分离，旧欧陆绝缘于海外领土的局面被往前推进了巨大的一步，那是拿破仑战争的一个姗姗来迟但合乎逻辑的结果。而且，英国像是报复了西班牙和法国，报复它们在美利坚殖民地造反中起过的作用。

这个事件还向广大世界显示了美国独立意味着什么。因为，拉丁美洲的事态发展不再只给英国带来好处，它们还——且有更重要的后果——有利于它的女儿国。美国宣布门罗主义。通过这么做，它当时站到了英国一边；然而，以其巨大的、到时候可与英国利益碰撞的权利声

称，美国也伸展出去，谋求在南北两个美洲的优越地位——或者更精确
地说正在追求一种在这最广阔的框架内的海岛性。 [191]

我们知道，英国人民的特性与其权势的本质如何从他们的海岛背景
成长出来，还有这海岛定位如何靠巨大的、甚至可怕的发力在苏格兰和
爱尔兰得到巩固。美国从诞生往后，也力争一个海岛定位。地位平等的
邻居们的陆上存在本将迫使它建设军事机器，演化为一个大陆型强国。
换言之，美国本将被剥夺掉它的与生俱来的权利，它的盎格鲁—撒克逊
海岛地位。因而，它的任务将是经巨大规模的扩张预先阻绝这危险。

这是个自相矛盾的现象：一个为其自由权而自豪、将战争当作君主
制和寡头制政体的可悲特权去鄙薄的人民，却仍在他们的对外政策中形
成了同样的、标志它们的经济和生活方式的强势偏好。在新世界，文明
的扩张力免于传统羁绊，得到信仰支持，彻底地超过旧世界的所有经
验，有如 1918 年那些德国远射程炮那么彻底地优于先前所有火炮的表
现，因为它们将炮弹射入大气稀薄层。1762 年的巴黎和约将十三州领
土增大一倍；1803 年，购买路易斯安那将它再增大一倍；与此同时，美
国由于购买佛罗里达而进一步壮大。诚然，夺取加拿大未遂，但当时
英国不是一个侵略性的军事强国。法国，大陆上的老牌军事霸国，1762
年和 1803 年时被逐出了北美，现在能否被允许立足于南美，取代一个
垂死的西班牙？它是否会被容忍去搞一个交易，据此俄国——复辟局 [192]
面下法国的朋友——同时从阿拉斯加扩张到温哥华以南的一个地点？
因而，美国宣告一条傲慢专横的原则：没有任何欧洲国家可以将其势力
伸展进南美或北美。尽管有这巨大的区域之内的地理和文化差异，美国
从此说到底将它认作是单独一个海岛，在其中美国意欲为自己确保海岛
生存特权，不容忍任何地位平等的竞争者。据闻欧洲的某些人说，美洲
将见到一个欧式均势体系的浮现；实际上，拉美各国从她们诞生时候起
就被它们的北方大邻居遮蔽。要建立一个与它的均势，只有经美洲以外

强国的援助才有可能，而这是个只要美国能贯彻门罗主义就无法想象的事态发展。依据门罗主义，美洲大陆成了一块封闭的保留地。随文明进展，一个国际体系的自由只有在一个像欧洲那样敞开的区域里才可被维持；否则，这自由将屈从于一个霸权。

尽管如此，我们仍须牢记：当时就法俄两国在美洲的野心，两个盎格鲁—撒克逊强国有平行的利益，而它们的泛美合作超过它们就加拿大挥之不去的歧异。诚然，加拿大南部边界易受伤害；可是，漫长散落的大陆海岸区将证明同样敏感，除非它们受到美国与拥有制海权的英国之间的良好关系保护。于是，首次浮现出两个有血亲关系的海岛国家之间针对大陆国家而团结一致的轮廓，有如曾经弥合了英荷敌意的团结一致的轮廓。就其本身而言，每个海岛国家的扩张足够广大；现在，更有甚者，这两国间凝聚在一起的第一项信号已变得明晰可辨。

在欧洲，在求霸国家引发的周期性痉挛之后，领土分裂；在外部世界，事态进程导致规模愈益增大的领土集聚。克服距离的技术进步——电报和蒸汽轮船以及不久加入其列的铁路——无疑加速了这集聚进程，虽然没有决定这进程。在盎格鲁—撒克逊创举的刺激下，有其欧洲和盎格鲁—撒克逊起源的技术找到了在巨大的北美旷原发展的无限天地。拉丁美洲人无论在族裔还是在文化上都不适于这类文明。甚至建立自由国家以后，盎格鲁—撒克逊殖民领地与伊比利亚殖民领地之间的基本差异也未失去其效力。

因而，美国佬在不间断的西向移民进程中，轻而易举地能将墨西哥人撇在旁边而抵达太平洋。到19世纪40年代，他们已从洋岸蔓延到洋岸，将其领土扩张了足足80%。这个进程在1848年2月差不多告终，那个月里革命在欧洲骤燃。那里是受压制力量的一场爆炸，而在美洲是自由不羁的能量的一番膨胀。

让我们现在从新世界返回旧世界。

英国政治中的开明化转向——它松弛了在欧洲的复辟格局——还以一种古怪的方式与俄国政策重合。在行为端正和具有男子气概的尼古拉一世治下，俄国开始将自己从梅特涅牌号的、亚历山大一世沦为其受害者的政治寂静主义解放出来。然而，这解放远未进行到底，仅主要影响 [194] 了俄国的亚洲政策和巴尔干政策。十二月党人起义，还有关于在波兰的不满的消息，令新统治者明白了革命的危险，一种任何受命在西方施行的自治权力政策都只可能加剧的危险。据此，尼古拉在其西方政策上刻板遵循保守主义原则，从不表现出可以打任何折扣。可是，他希望能通过有力地追求俄国在其他战线的利益去造就一个岔道，以便转移革命性不满，同时不招致它接触危险的西方思想。对一个军事专制政权来说，一种大力进取的对外政策至关紧要。

于是，保守的俄国起初站在开明的英国一边，着手从事希腊造反者的事业，但接着绕开英国，骤然投入一场与土耳其的战争。然而，尽管它牺牲巨大，它却被阻绝做大规模扩张。俄国没有能力强攻达达尼尔屏障，而且未来在两次世界大战中也没有这么做。英国总是能及时遏制其对手，办法是将其海洋实力与欧陆强国特别是奥地利和法国的平行利益结合起来，结合为群体，有如那首先从维也纳会议浮现出来的。不仅如此，俄国从未将它的全部实力投入战斗。它害怕革命，目光总是向西偏离。因而，英俄世界竞争——总的外交场景中差不多一个世纪之久的压倒性主题，从未导致一场世界战争。不可否认，俄在大陆纵深赢得成功桂冠，但只要它在任何地方侵犯海军强国的利益范围，它要么在海岸上受阻，要么被从海岸上击退。

在这方面，19世纪20年代招致了一个初步决定，其含义我们感到 [195] 只有当今才可被充分认识。俄国早在18世纪末便在北美的西岸上，先于盎格鲁—撒克逊人取得一块立足地，但它现在开始撤出北美。然而，跨越西伯利亚的未经勘查的荒野，且从它在太平洋畔的可怜的海军基地出发，它一直未能在美洲维持任何真正的权势阵位。在门罗主义政策的压力下，它就阿拉斯加退却，因而将一个可贵的地区留给美国佬——以及加拿大人——任意扩张。事实上，它几十年后还将退出阿拉斯加。俄国的扩张虽然规模巨大，但严格限于大陆领土，而且主要限于亚洲的较穷一边。扩张主义照旧被羁于国家机器；它既不像盎格鲁—撒克逊人在这领域显示的那样由私人主动性推进，也不靠任何哪怕稍有似盎格鲁—撒克逊人的技术天资所促使。事实上，与彼得大帝相反，尼古拉一世猜疑地看待西方发明，像他对西方思想疑心重重一样。

于是，从一开始，两个海岛型世界强国就在获取世界真空区域的竞争中领先。

与此同时，所有三个系统地追求壮大的世界强国都在向外抵达遥远的地方；同时在欧洲边缘，巴尔干人已经在被吸入这个过程，法国人则开始插手地中海区域——这个时期里大陆西方一直仍沐浴在和平岁月的平静阳光之下。

然而，在 1830 年，白人世界的老心脏又一次开始加快搏动。七月革命中，仍是欧洲命运领跑者的法国人撕下波旁旗。在那古老的首都——全欧洲的目光长久一直以忧虑或希望集中注视的地方，欧洲的变动力量取得突破，震颤整个大陆。权力缰绳被资本家阶级夺得。这个阶级意欲和平发展年轻的技术经济，他们太明白国内的巨大任务，以致不愿越出边境线。然而不久，文明在更快速地迈进。在七月革命中扫清了道路的那些势力没有被它的成功绥靖，而只是被刺激得要获取更大成就。

老列强是否足够团结和强大，以便击退这些势力，重获复辟局面的平滑和同质的表象，就像它们在意大利和西班牙的不那么猛烈的爆发之后那样？俄国自信能领导一个保守国家的联盟去进行针对内外共同敌人的神圣征伐，同时不放弃它以自治的权势政策维持了的含蓄态度。可

[196]

是，奥地利和普鲁士觉得自己太羸弱，无法采取大规模行动；如果它们在境外与之作战的话，它们害怕这可能在自己境内为革命运动敞开门户。波兰革命证明它们是对的。它还从沙皇手里打落了他的高举之剑。英国发觉和平从商的七月王朝与它自己的特性完全类似，同时又是个有用的对俄制衡。不仅如此，当时科堡君主政权在比利时建立，令英国人解除了一种恐惧，即法国可能发动一项革命性冲刺，突入他们在尼德兰的至关紧要的利益范围。

七月王朝因而能够坚持下来。虽然它依旧过分羸弱，无力一搏大赌注，但它仍然引发了国际紧张的一阵明显加剧，特别在东方，而且一定程度上搅乱了外交关系。

[197]

然而，不超过半代人时间后，文明的进步已冲刷掉七月王朝本身的基础。路易·菲利普成功地满足了机器时代的受害者，即小资产阶级和工人阶级。

同一时期里，在英国的大得多的社会紧张取得了一种渐进性解决。这归功于下述因素：对外移民机会；作为经济条件独特而有利的结果，财富涌入该国；社会结构的古老灵活性，它挫钝了阶级冲突；未被打断的连续性意识；对临时性解决方式的偏好；讲求实际的自助；贵族精英统治者们的明智的妥协精神。所有这些存在于英国的幸运境况不见于海峡对岸。那里，只有一种宏大的、从国家利益的崇高高度运作的对外政策，才能弥合国内冲突。社会自发力量不适合承担这项任务。资产阶级上层利用一个衰落着的权势国家的庞大机器去推进他们自己的利益，激发了较低阶层的仇恨，而这仇恨由种种意识形态点燃，正在转过来为夺取国家机器而斗争。两个现象的重合造成了大陆上的革命：一个大国的权势衰落，还有一个社会的融解，在文明这烈日之下融解成流动状态。

1848年在巴黎发生的新爆炸震颤了整个欧洲，唯有两个侧翼强国除外；英国因为其演进有灵活性而免于震颤，俄国亦然则是因为它的反

动政权僵硬不变。对旧欧陆各国来说，二月革命是等待已久的灯塔。诚
[198] 然，在法国，社会状况不像任何别国，没有成熟到激发造反的地步；然
而，社会运动在力量上的欠缺由民族主义运动补足，特别在中欧。随旧
秩序消融，这些盛放所有不满和渴望的大蓄洪池以其大水冲击政府和社
会秩序的僵硬堤坝。这些能动的势力在这结合性冲击中证明了它们的团
结，沿旧欧陆整个前线堤决坝破。两个德意志大国在 1830 年过分羸弱
而无力封住最初的渗漏，这次也被洪水一并冲走。

这外表统一的进程是否会造就一种内在统一，一种欧陆新秩序安排，
一个"年轻欧洲"（马志尼语）——一类在复辟原则之上建树它的企图
已最终失败后，又基于革命原则去建树的"合众国"？此乃海市蜃楼。

让我们审视空前加速分裂进程的种种因素。运动势力的成功本身破
坏了它们的凝聚，暴露了它们的分歧。社会渴望和民族主义渴望两者皆
如此。是小资产阶级和无产阶级的激进的社会目的招致了二月革命。不
用多久，法国有产阶级的广大阶层就感到受威胁：不仅有早就被搞得黯
然失色的前统治阶级和晚近丧失其政治阵位的上层中产阶级，还有资产
阶级的中间行列，甚而农民当中宽广的殷实阶层。这些群体不乏武器：
军队反对革命。7 月过完以前，它粉碎了激进分子的统治，从而为一个
[199] 新恺撒去确保社会结构的安全扫清了道路。它扑灭了第二次恐怖统治的
危险，火山又一次爆发的危险，那可能再度使其宣传和战争熔岩涌越边
境。在以早先岁月的宏大方式从事的血腥冒险之后，年迈的各国不再热
切向往血腥的冒险。

这挫败在法国外面有立竿见影之效。每一处，惊弓之鸟般的有产阶
级行列都叫喊武装保护法律和秩序。中产阶级——特别是在中欧迟迟兴
起了的资产阶级——刚见到他们的革命热忱取得令人惊异的首次胜利，
就立即对那些从较深层释放出来的势力惊惧有加，以至瘫痪。

这惊惧骤然搞乱了民族主义运动的推进，到那时为止，互相冲突

的目的已变得分明。诚然，我们决不能匆忙断定民族民主（national democracy）的胜利或可使欧洲免却它随后的斗争。难道法国大革命没有迅速地以一部新的、可怕得多的国家装置取代旧制度（ancien régime）的权势机器？说到底，在种种大众运动中找到了一个发泄口的现代生活力量养育了扩张倾向。它们要求的扩张无法靠和平手段在人满为患的欧陆实现。这些力量倘若在 1848 年取得一场胜利，就本将轻而易举地把激情横溢的民族战争招到它的列车上，其摧毁性将远大于接下来二十年诸场短暂的、有条不紊地操作的战争。

事实上，大众运动的解体使之不能抓住这胜利，即使这胜利看来近 [200] 在咫尺。这使保守力量歇了一口气。在中欧，它们也有急于恢复既存社会秩序的军队可以动用。不仅如此，未垮的俄国在东面提供了支持。

即使在 1830 年，维持复辟局面也超出其主持者实力所及；现在，旧秩序的真正恢复不可想象。在其新恺撒治下愈益集合实力，法国野心勃勃地自行其是。不久，在克里米亚战争中，它战胜了最后的反动堡垒。可以和平地压倒一个个国家的各自私利的意识形态团结时代一去不返。取而代之的是加剧着的分裂和极端的不稳定。现在，如同在取代了前一个世纪中叶国际体系的一种类似的流动状态中，油水最大的战利品将再度落到在利用万花筒镜像似的变更方面步子快、胆子大的人手里。

随对外关系领域如此改变，国内政治形势不可能被推回到它在 1848 年大乱以前的状况。从此，创造性的国务家将利用大众运动中间兴起的无论何种紊乱，以便他自己能够实施它们的纲领中可被搞得与国家利益调和的那些部分。这要求在与大众风云一起曲折行进方面既精明又大胆，而这风云伴随文明的迅速进展极少能被期望消退。一种积极有为的国内政策在方法上必须与一种积极有为的对外政策的目的相协调。不再可能使时代的野马保持安静：它们须奔走不息，如果要它们不脱缰失控的话。

[201]

因而，国家的能量被 1848 年的癫狂事态激发，尽管革命势力已被逐退——这进程犹如尼罗河谷随其泥浊潮水退落而重新草木繁盛。被束缚和被分割的旧欧陆这狭窄舞台有变，激动人心的剧目在上面再度出演，与此同时在外面世界舞台上发生了种种事态发展，它们虽然不显著也不戏剧化，却将在对世界命运的未来重要性方面远超过旧欧陆上的最暴烈的冲突。

新的动乱时代一直没有结束，直到两个新的大国已在小国废墟上伸展蔓延为止，而这辉煌地解决了 1848 年事态提出的难题——如何利用大众情感风暴去保持国家航向。从那时起，欧洲棋盘被强有力的棋子格格填满，它们缺乏合适的回旋余地，以可怕的固滞性彼此对抗。没有共同的意识形态苍穹笼罩它们互相冲突的利益，像在复辟时代的宁静岁月里有的那样。

我必须限于从 1848 至 1871 这个时期的事件迷宫去回顾部分事态，它们令一种能动的政治趋势的成长清晰可见。我将追踪从较低的山岭即普通事件升起的山脊，一直追踪到两次世界大战这两座高耸的巅峰。起初沿法国山丘伸展，这山脊在 1870 年腾跃进入德意志。

[202] 拿破仑三世治下，从未停止占据思想和社会意义上的中央位置的法国，再度成为欧陆权势政治中心。这位皇帝证明他本人是个神秘艺术的能手，而各个时代要求一位伟大的国务家把握这艺术，精于引导混乱运动的漩涡水流，将它们导去推转国家磨坊。

法国大革命生出了一位大恺撒；1848 年革命——已内在坍塌的一场革命——招致了一名小恺撒。1789 年革命中最突出的是法国；1848 年革命则立即在法国以外引发一系列喷发，而且这些成为了若干创造性的国务家的任职生涯的开端，他们无疑拥有某些恺撒秉性。他们全都从新拿破仑——当时的模范恺撒——学到了教益。

他靠结束国家权力的衰减去中止革命。他既给有产阶级也给工人安全，并将救济赋予社会上没有特权的人。对所有人，他提供了先前从未有过的繁荣让其享用，同时以交换精明地加诸的牺牲，向他们展示了在国外的辉煌成功。这就是他的统治的秘密。他表明，国家权势和物质文明如何能有条不紊地被并列促进，而且经彼此相互促进：一种早先已被专制君主政权熟谙但被复辟政权厌恶的方法。与此同时，他再度显示有献身精神的军队、忠诚的警察力量和顺从的官僚机器如何能构成一位国家元首手中的可靠工具，这强有力的手如何能被掩藏在天鹅绒手套里，宣传又如何能掩饰赤裸裸的武力和恐怖。他教授引领和误导大众的一切艺术。诚然，他的成功是以难以计算的代价买来的。限制自由和在公共 [203]
生活中弄虚作假构成部分代价；这掺和造成一种有点儿发霉的文明繁茂蔓延而损害了真正的文化。

这个政权的名称本身，它的装束，它的姿态，表明它在半心半意地想望霸权。它将在多大程度上能够朝其实现取得进展，当它的领头人时常明白在1815年被击断的民族能量主发条无法修妥的时候？

可从一个事实看出拿破仑三世朝求霸边缘走得多么近，那就是法国与三个世界强国——俄国、英国和美国——之间的摩擦相继加剧。假如这位皇帝跨过战争门槛，两个侧翼强国虽然互为竞争对手，仍无疑会成为盟友；而且，美国可能加入它们的行列。实际上，法兰西第二帝国的生命曲线正值在达到这么一场冲突的高度时跌落消散，而这下跌与该民族本身的生命曲线的衰落密切关联。拿破仑三世的皇位在一场欧陆有限战争中被掀倒。与其叔父不同，他被扫除而无须一个大联盟，也无须世界强国的干涉。

以英俄冲突为掩护，新皇帝在克里米亚战争中爬上阶梯第一级。长期闷燃之后，英俄敌意自1848年以来已变得那么炽热，以致不可能不或早或迟在战争中喷发。始作俑者是俄国。作为未被法国大革命撼动的唯一大陆强国，它在1849年应奥地利请求粉碎匈牙利起义，从而恢复

[204] 了它的德意志两个反革命堡垒之一。另一个堡垒翌年被恢复，当普鲁士国王在奥尔米茨不得不放弃他那脆弱的民族愿望的时候。三个东部强国的政策被搞得一致，像它们在 1848 年以前那般。有如他前面的叶卡特琳娜大帝，沙皇尼古拉一世已能就德意志担负起仲裁者角色，使两个德意志强国之间摇荡的力量对比回返过来，落定在有利于俄国的状态。他现在觉得足够强大，能经过又一场对土耳其的战争去圆满完成其已那么连贯地获取的利得。他期望俄国的第二次对土战争带来俄国在第一次对土战争中未能得到的大成功。

实际上，这第二次战争暴露了俄国的内在虚弱。因为害怕革命，它自我隔绝于西方文明之外，而彼得大帝曾在其中寻求力量。没有合适的铁路网络，不懂现代战争技艺，这个笨拙的巨人被英国领导的西方国家联盟击败，后者帮助捍卫了土耳其屏障。拿破仑三世是最积极的盟国，他的部队赢得荣誉，驱除了 1815 年以来笼罩在法国与其威望之上的阴影。

两个世界竞争对手之间的这第一场——迄今仅有的一场——战争绝非世界大战。它是一桩有限的事业，不要求双方之中任一方全力拼搏。英国的陆上领导笨拙不灵。然而，它的舰队威胁从各个不同方向入侵，抓紧提供给机动的海上力量种种特殊机会；皇家海军对击败大陆巨人贡献不薄。

接下来的二十年里，俄国全神贯注于它自身及其国内改革，虽然这些改革无法消除革命威胁。

[205] 然而，对拿破仑来说，这第一次大成功展现了获取其他成功的前景。他已决定扮演中欧和东欧民族主义趋势的保护者角色，甚至在这些趋势获得新的发展自由以前。出生于那已将拿破仑一世驱入毁灭的同一批潮流，他本人计划靠娴熟的迂回和不大的努力，为法国取得一种伪装版的霸权，而真实版是他的强有力的叔父逆流奋进未能夺得的。

在意大利，这个方略起初辉煌见效。一鸣惊人全靠拿破仑的主动。是否有任何大陆国家匹敌这新的帝制法国？难道它不已经在走向求霸？可是，按照欧洲政治的老规则，难道英国不一定感到现在受皇帝——他是英国刚在晚近利用来打击其大陆对应物的——威胁？事实上，直到第二次世界大战的一长系列同类恐慌中间，眼下在英国就该岛安全爆发的惊恐很可能是最厉害的。它由对现代化了的法国海军特别是其蒸汽动力舰船的忧惧促成。第一次，出自盎格鲁—撒克逊人的现代技术对盎格鲁—撒克逊海岛大本营发出挑战。那么，技术是否会在争取绝对霸权的第三场战争中给法国带来胜利？

吓人的云层很快滚动远去。拿破仑的低风险、巧构思舞台操控政策足以取得惊人的初始成功，但它缺乏巩固它们的力量。这位皇帝令希冀民族完全统一的意大利爱国者大失所望。不仅如此，他还要求通过领土割让，给他的支持支付报偿。英国没有为其支持索要任何酬赏；意大利统一进程中，它不洒任何鲜血，就轻而易举地令法国在半岛公众心里相形见绌。与称霸陆上的国家相比，一个把持海上霸权的国家经得起慷慨有加。

[206]

随其互相矛盾的动机大白于天下，拿破仑助长民族主义运动的政策失去可信性。新意大利刚出生，就立即形成了一种要有不受限制的主权的压倒性强烈欲望，一种现代欧洲民族国家内在固有的强烈欲望，就像古希腊城邦国家内在固有的一样。民族主义原则的步步贯彻只起了加深欧陆分裂的作用。

法国总是努力为它既在欧洲也在海外的霸权寻求下锚处。拿破仑三世治下，它再度谋求突破它的欧陆限制。在地中海，皇帝发觉已经有个强有力的法国阵位；它的基础已由七月王朝甚至复辟王朝奠定。我将不详述这个阵位的形成，它经苏伊士运河的开凿，沿着朝向埃及的传统推进线。我也将不回顾法国在东亚太平洋的扩张，那必定在英国引起担忧。然而，我无法绕过墨西哥冒险，那载着拿破仑跨越通往第三个世界强国的道路。一度，易于影响世界史的战役和决胜似乎迫在眉睫，如同在英国害怕遭到入侵的 1859 年。然而，乌云消散，就像那时一样。法国的根本精力不再驱迫它去从事宏大规模的行动。墨西哥依旧是一场冒险。然而在我们当代人看来，它显得在不止一个方面载有世界历史难题。

首先，它代表法国的最后尝试，要在美洲取得一个立足地，并且恢复甚或超过三个世纪的抱负。难道法国不能将自己树立为拉丁美洲的保 [207] 护者，像它在 18 世纪经过它与波旁西班牙的关联试图要做的那样？难道它不能帮助海外的拉丁人取得与盎格鲁—撒克逊人平等的地位？难道它自己不能再次攀升到海洋大强国行列，而且撤销它在 1823 年的失败？其时，它跨越大洋伸展出去，却败于联合起来的盎格鲁—撒克逊强国。现在，它们之间的纽带已被毁坏。不仅如此，将美利坚合众国绑在一起的纽带亦已破损。

美利坚合众国陷于内战，有可能丧失它已取得的一切。南北之间经久的分裂会结束美国海岛状存在的种种特殊有利条件：欧陆样式的正规军将不得不被维持；避离欧洲政治这原则将化为乌有；凡在能找到盟国之处皆追求盟国。确实，这个年轻大陆的起而强盛，还有它迈向一个封闭区域内的统一的趋势，全都将告终。分裂趋向，在一个开放的区域里形成一个国际体系的趋向，必定占上风。新世界对旧世界的关系必定倒退，已经迁徙的权势将像过去一样，返回到大洋彼岸。那时，英国的星辰将在盎格鲁—撒克逊世界内再度腾升。事实上，美国内战期间，令人陶醉的前景在英国广受欢迎。然而，与之交错的是另一个令英国有理由担忧的前景，即在这样的境况中，法国的星辰也会腾升。通过在墨西哥建立法国的统治，拿破仑将能在事后一百年弥补法国统治被逐出加拿大。

150

回首审视拿破仑的墨西哥远征将我们带近一个历史分水岭，其含义是真正全球性的。这分水岭从未被跨越的事实归因于北方各州的胜 [208] 利，基础健全和清晰无疑的胜利。它阻止了美国历史洪流去寻求一个新河床。一迄诸州重新成为"合众国"，它们便强得足以仅靠一项威胁就将皇帝逐离它们的巨岛。要做到这一点，它们不需要像在门罗时期一项类似的形势中那样与英国联手；这回，法国还正在关键性地行事于欧洲。因而，第三个世界强国从一种逼近的衰落状态，威望腾升到更高的高度。

在需要时节，美国学到了一点：一个欧陆霸权国的海洋抱负能怎样损坏它自我生存的紧要准则。1812 年时，美国仍相信自己能利用英国缠身于欧洲之机攻击加拿大；因而，它间接地支持了拿破仑一世的霸权。这回，美国只需对抗拿破仑三世，与此同时与英国的关系虽然冷下来，却仍挺过了紧张时期。实际上，英国当时与它 1823 年时相比，不可能更希望见到法国牢固立足于拉丁美洲。然而，没有人可以预言两个盎格鲁—撒克逊强国未来是否会联手反对一个作为第三强的欧洲国家，或它们是否会什么时候在加拿大战场上彼此交战。未来岁月里，世界舞台上这两个可能性究竟哪个成真，将决定欧洲舞台上的冲突结局。

就他在欧洲接近崩溃来说，拿破仑的海外失败既是原因，亦是结果。在意大利，他支持民族主义的政策使他能够保持胜利外貌；在事关德意志的场合，这个政策导致了一场分明的外交失败和军事灾难。他的 [209] 政策唤起了它不再能控制的精神。在决定性的对外事务领域，拿破仑无法长期掌控 1848 年时冒出来的难题，那就是如何将大众运动力量编织进权势政治谋算。大厦的楔石已经坠毁，政权随之丧失成功秘诀，法国进入了它的生涯凋落期。随它不再能集合必要的精神和物质力量，它的霸权抱负嬉戏证明在每个方面都徒劳无用。

政治中的能动力现在移入德意志，去攀登一个新山脊。

怎么竟来了如下事态：西班牙和法国之后，德意志民族作为旧欧陆大民族中间的最后一个，出发猛攻未被征服过的霸权巅峰，结果只是既招致结束它自己的历史，又招致结束欧洲国际体系的历史？

我们德意志人与其他民族相比从不乏天然实力，像我们总是见到的那样数不胜数，且在地理上广泛伸张。甚至在我们的政治生存的早期岁月，一种追求至上权威的强烈欲望就在我们中间活跃躁动，而且就我们来说，与西方其他民族中间的情况相比，这些岁月更快破晓，伴有更大的可望前景。然而，如果德意志权势有时像云层似地高高腾升，那么它随后便化作滚滚迷雾再度消散。在其状莫名的领土上未有定形，我们的权势缺乏核心或序列，总是在发展，却从未最终形成。它的力量沸腾溢过我们的边疆，同时又转过来在边疆以内互相冲撞。在亚民族层次上，邦主们的贪欲侵蚀了皇帝的超民族威望。欧洲国际体系的最初岁月里，[210] 三个西方民族国家在取得它们愈益分明的个性，与此同时，德意志帝国却相反，显示趋于分解成一些与前几个世纪里意大利体系相似的小邦；皇帝则在其边缘位置倾向于远跨欧洲伸张他的触角。教会在西方依照世俗权力集中化的偏好运作，在它之下被组织起来的西方，分裂得七零八碎，而这只是加速了它在德意志的衰朽。海外陆地的发现在西方敞开了规模大得无法预见的可能性，可是它仅起了使存在于德意志的那些潜能萎缩的作用。最后，俄国的崛起对我们关闭了东方的未来巨大空间，而且在东南方将我们挤出土耳其方向上的一条前景有望的推进线。不仅如此，俄国在同时的崛起还影响了德意志内部结构；由于促进了普鲁士的崛起，它赋予走向解体的旧趋势新的刺激。两个世纪里，哈布斯堡家族一直以不等的成功争取反制这趋势。诚然，它从未将其家族利益搞得与民族利益充分合拍；可是，这两者不可否认地多少彼此移近。而且在边缘，皇帝基于他本人领地的宽阔弧形带，事实上真的掩蔽了复杂的中心地区，使它免于外国统治，保护它既抵御法国人，也抵御土耳其人。随其普鲁士对手崛起于帝国的东北部位，德意志的政治存在（民族的松散的尚存框架，作为一种定形力量，始终更多的是潜在的而非现实的）陷于瘫痪，哈布斯堡家族的统治也是如此。因为，现在两个边缘强国彼此制衡，与此同时它们之间，一个"德意志帝国"在其无定形状态中凋萎。

1770 年时，谁能预见到一百年后这个黯淡和混乱的、与世界广阔空间隔离的区域将产生那么强的种种力量，强得足以冲到世界决定性事态的核心部位？ [211]

无论如何，某些境况使迅速腾升成为可能——它们在我们回顾时显得归结为两段。第一段载着我们升至俾斯麦的德意志帝国，那是欧陆上的一个无论怎样被提升、都未达到全球意义高度的权势地位。只有第二段攀升，涵盖俾斯麦被消除之后的时代，才导致跨越中等山脉的绿色山丘而抵达终极巅峰，并且进入岩石峭壁和永恒积雪的致命荒僻处。一部主要谈论德意志史的著作将详述腾升的第一段，细说它带来的经久价值之丰富。本项研究则是旨在世界史，仅在表明下面一点的范围内才需要谈论它，那就是有利的境况和事态发展怎样在造就将德国送上冒险飞翔的弹射力。

这些境况和事态发展可被集聚在三个标题之下：国外形势；经济文明；精神能量。

先说最后一项。民族情感已在西方浮现，作为一个年轻的、重新振兴的社会的精神集合点；然而，只有在它东移的时候，它才产生自己的最大创造性功效。在西方，它仅使现存的各国精力充沛；在东方，它提供了建立本质上属于新的国度的刺激力。在西方，它仅将新的分量和活动天地赋予长久以来已由一个伟大往昔的骄人成就塑造了的各个实体； [212]在东方，凡这些情感已在虚假色彩之下被炫耀了多个世纪或已蒸发掉的地方，它们都要求各个实体的急剧改造。中欧和东欧的支离破碎的各民族挣脱其混乱的历史，犹如在即将到来的自由和统一的黎明中，摆脱对一场梦魇的记忆，感到精神强健，急于行动。它们的觉醒给政治博弈注入惊人的力量，而这些力量在其与统一已久的较老民族的关系中有利于这些民族。

这说法特别适用于德国，还有首先是它与法国的关系。在欧陆，一个民族的民族情感，在一个拥挤的空间里的生存斗争中成熟，包含战斗要素。它因为有一个敌人而集聚了力量。在德意志崛起的头一个世纪里，它的民族主义从它与法国的竞斗中既吸取了政治力，也吸取了精神力。它的首项成就是突破法国以各民族各自权利的名义树立的规则。这是一个诸如日耳曼人从中世纪早期以来一向不知的共同经验，一个高于教派利益和领土利益的意识形态一致点。然而，这突破远非求霸冲动。德意志民族情感只是来自反对法国的普世统治声索。诚然，即使这些开端也非全然免于霸权欲望的萌动；可是，这样的萌动缺乏任何现实的权势政治意识。

如果说这民族情感振兴了旧事物，弥合了分裂处，并且给静止状态注入了能动的生命力，那么它只是在一个更广泛进程的框架内才这么做的，而这个进程既囊括政治理想，也囊括日常经济生活。事实上，新的[213]经济发展有巨大的重要性，它像民族情感的觉醒一样有利于德意志。自从地理大发现时代以来，相对于海洋民族，被隔离在海外领土之外的德意志人一直处于不利境地。然而，在拿破仑一世时代和复辟时期里，他们与整个欧陆共有这弊端。不仅如此，现代工业的兴起使这弊端不那么难受。随时间推移，有一点越来越明显：工业的发展正在以主要有利于德意志的方式进行。它的贫瘠的土地富藏煤和铁，它的迅速增多、生活节俭、容易组织起来且有组织天赋的人民很适于工厂劳作。未确定任何限制性的民族文化形态，德意志准备好随时投入经济文明和作为其伴生物的科学活动。

154

不仅如此，德意志不仅变得注有精神和经济能量，而且与此同时，它遇到的来自东西两面大陆邻国的压力较小。俄国因为沙皇恐惧革命而瘫痪，法国则因为 1815 年败北而受伤。虽然 19 世纪前半叶没有使德意志活动家感到满足，但它仍然是我们黑暗的编年史上光彩的一页。其特征是解放战争胜利结束以后的尊荣感，是宽松的保守政策框架内的安全，是在一个安宁的欧洲之中的平静成长，这个欧洲的和平赐福还抚慰了德意志的所有不安。这权势政治沉沉欲睡的时期里，两个德意志大国之间的竞斗正在失去尖锐性。

长达多年，梅特涅的奥地利毫不费力地持有列强外交理事会内一个 ［214］ 突出的关键地位。看来好像在欧洲国际体系与哈布斯堡多民族帝国之间被预先稳定了的和谐中，复辟体制意在将它固有的种种弊端转化为多项资产。

普鲁士忘记了自己旧日的权势贪欲。她的荒凉的文明之花经拿破仑时代里的德意志精神育肥后盛开，成了一种在 1848 年革命以前岁月里既高尚又坚实的文化。几乎与其政府的意愿对立，普鲁士成为民族主义者和经济学家中间那些进步分子的希望，关税同盟（Zollverein）则成为行将到来的德意志帝国的一个蓝图，冷静的、低调的蓝图。1815 年往后，普鲁士一直处于特别合适的境况去发动实施一种伟大的国家政策。然而，这境况并非它自己的选择。是俄国的西向突进将普鲁士挤出了波兰，进入德意志领土；是英国和奥地利的对应压力迫使它在莱茵河畔设置监察，并且将普鲁士领土分拆为两群。这痛苦的事态代表了对普鲁士治国才能的挑战，邀一位大胆者依凭与民族主义运动结盟去克服之。然而，在那个处于毕德麦雅（Bie dermeier）时期的柏林，没有哪一个人把握住这挑战。

直到 1848 年革命和它触发的动乱时代，普鲁士才被唤醒，明白它在德意志舞台上的潜在角色。19 世纪四位创造性国务家中间最伟大的一位将使得这可能性转变为现实。

　　诚然，奥地利产生了施瓦森伯格这么一位时代要求的伟人；可是从一开始，这老旧国家之船的设计就阻止它的风帆敞开迎应大众之风。这勇敢的船长要驶向的"大大奥地利"可能会以不止一个方式讨好德意志成分的自尊心，然而尽管有其规模，"大大奥地利"却本不会给民族理想的实现提供余地。不仅如此，沙皇轻而易举地成功挫败了这些骄傲的计划的发展，办法是利用两个德意志强国之间的竞争。

　　以一个颇为不同的规模，普鲁士能够将德意志民族主义渗入它传统的自我中心主义——弗雷德里克时期并非民族主义的权势渴望。早先，霍亨索伦王朝一向足够有准备去牺牲德意志在西方的利益，以求它自己国家的利益。然而，1815年时形成的疆界使这两者的利益并无二致，更不用说解放战争带来的无法克服的民族情绪改变。于是，复活了的普鲁士扩张渴望自动要求民族使命标志。

　　在此，有个皮埃蒙特野心的类似物。当然，在其中每个场合，民族概念与国家概念孰重孰轻基本不同。意大利是个天然先成的、被两个强国彼此竞争的注意力促进的实体，其统一由大胆的加富尔实现，靠的是与民族主义运动的和谐合作，而且只用了几乎像采摘熟苹果一样少的努力。

　　然而，德意志天然不定形，位于欧陆高政治压力线互相交错的地方。三百年里，它的领土紊乱始终与国际体系的组织方式紧密相连。整合如一的德意志统一，即使根本可行，若无革命性的权势转移也很难实现；而且，只有利用我先前讲过的一切有利境况——首先是对外事务中令人鼓舞的形势——才可能招致一种合格的统一。可是，只有以德意志历史的标准衡量，而且只对一位像俾斯麦那样的大师来说，这形势才是令人鼓舞的。

　　有如弗雷德里克大王，他懂得如何利用体系的懈怠和不稳去有利于他的国家，他的虽然体形瘦削但肌腱发达的国家。事实上，俾斯麦追随弗雷德里克的方略大要。他俩都出自两大求霸浪潮之间的一个波谷。在这两个场合，大强国都不得不多少收缩，因而小强国可以大大扩张。尽管如此，在那么一个对外政策密布危险的航道上，德意志民族主义运动的迂回余地仍然有限。与意大利民族主义不同，德意志民族主义运动从未能够与国家并肩发挥重要作用。

早在 1848 年至 1849 年间，民族主义政策在其上扬帆的航道究竟有多危险就已被显示出来，当时德意志对丹麦态度的改变招致英俄两大侧翼强国彼此接近。一个新的竞争者出现时，它们搁置彼此间的竞争，而且法国也加入它们的行列去圆满险恶的包围。只是靠最微妙的迂回，俾斯麦才成功地挑拨这三大强国互斗——它们当中哪一个都不希望看见中心得到强化——从而为他自己的活跃获得充分的余地。他与民族主义运动的冲突似乎令他的任务无望完成，但到头来使之变得较为容易。他将这冲突用作一个掩护，在它后面掩藏他的实力和意图，为的是突然出击，造就既成事实。他对列强内阁显得越少危险，他就能越容易地往前 [217] 跳跃，而不在其中任何一个身后被逮住，从而丧失他的最强外交王牌，即他在总的不稳定当中的机动性。

现在让我们审视俾斯麦在其"宏大设计"（grand dessin）岁月里与三个主要非德意志强国的关系。

直至克里米亚战争为止，俄国本身长期受碍于墨守原则的尼古拉一世的单轨政策，当然也阻碍了普鲁士方面任何扩张性的德意志权势政策。在亚历山大二世治下，它不再处于能这么做的地位。因为奥地利在战争期间的"背信弃义"态度而气愤，也因为奥地利努力站在西方强国一边挫败俄国这个曾在 1849 年救了它的国家的巴尔干计划，沙皇无论如何倾向于再度改变偏好，去青睐他的可信的小普鲁士朋友。俾斯麦在 1863 年波兰起义中的行为方式，一种他不允许"欧洲"舆论去干预的政策，充分证实了这仁慈。1864 年，尽管丹麦是对俄友好国家，沙皇表明放纵俾斯麦对丹麦的胜利，为的是不阻碍他对国会和革命的饶有功绩的战斗。他在 1866 年类似地行事。亚历山大太羸弱，以致无法像叶卡特琳娜二世和尼古拉一世那样在两个德意志强国之间调停，而且他不顾痛楚的不安，默认普鲁士闪电战役的结局，那一夜之间改变了德意志场景——但无论如何惩罚了背信弃义的奥地利。不仅如此，斗争的任何延宕或激化都可能在其进程中招致颇为不同的变化，招致也会危及俄国 [218] 及其在华沙的统治的革命动乱。最后，1870 年拿破仑三世的垮台报复了塞瓦斯托波尔的主要胜利者，而且摇撼了 1856 年巴黎条约中侮辱性的黑海条款。

于是，俾斯麦能够完成他的事业，不受一个被削弱了的俄国妨碍，并且确实因为亚历山大不喜欢其克里米亚战争对手和担忧革命而受到保护。

无论多么不同于圣彼得堡的消极政策，巴黎的支持民族运动的积极政策也给俾斯麦提供了有利条件。预期奥普冲突以平局告终，法国鼓励普鲁士的行动，希望成为两个德意志强国之间的仲裁者，那是俄国不再有必要的实力去扮演的有利可图角色。有如事态将表明的，拿破仑也不再有这实力。他的星辰正在美洲陨落。他的手神经质地去抓一个机会以求成功，徒然落空。

在伦敦，对法国的担忧如同在先前除间歇外的近两百年，依然是个主要考虑。德意志事务总是个次要问题。诚然，普鲁士 1864 年前推进石勒苏益格—荷尔斯泰因，在两个海上强化它的海洋潜力，还凌辱在丹麦海峡的丹麦前哨，因而令海军大强国——兼自我宣告的小国保护者——怨恨，视之为侵犯它本身的利益范围。然而，目光固定在杜伊勒里宫的英国容忍了这侵犯。俾斯麦以其大技巧，懂得如何使非德意志强国像在 1848 年至 1849 年那样不去携手合作。

甚至在将德意志问题当作一个整体评估时，伦敦也主要按照在法国的反响去思考。1856 年俄国战败后，阻止法国扩张就是首要考虑。一种和平的奥普关系氛围似乎给这政策提供最佳保障。然而，当普鲁士能独自阻止法国在 1866 年变得明显时，英国欣然能就改变了的德意志形势安抚自己，以后甚至能就保护比利时间或与普鲁士合作。一种更密切的反法协同看来没有必要。然而对英国人来说，色当战役的结局首先意味着摆脱压力。 [219]

俾斯麦暴力实践固有的马基雅维利主义，连同其弗雷德里克手腕与波拿巴方略的混合，在英国总是被视为很不光彩。然而，英国人不得不学到一点：位于大陆的德意志不同于海洋环抱的意大利。在意大利，但凡英国利益与意大利爱国者利益相吻合，英国的海洋权势工具保护这两者，英国人就能抒发自己的内心和理想。在德意志，但凡爱国者自己不知道自己要什么，而英国利益提议反对急剧改变现状，它的权势工具却不可能被招来发威，英国人就除了正确的自由主义信条，无法给前俾斯麦时期他们的众多赞美者提供更多的东西；而且，在就德意志问题取得进展上，自由主义信条没有实际助益。一旦俾斯麦已建立起新德国这个出类拔萃的专制主义欧陆权势国家，英国就不得不袖手旁观，眼睁睁地看着它的德意志赞美者愈益减少。

概述了在这么晚的一个阶段为改善德意志命运所需的种种特殊境况——被一位全然独特的人利用的境况——之后，我们仍须牢记许多未被消除的险恶阴影，连同眼下正在聚合的那些。 [220]

民族的完整的统一还未实现，死结还未经解开。已经取得的东西代价不菲，即民族构造有损，民族心理受害。严厉的老普鲁士特性被重新激活，可以加诸在柔软的、无定形的德意志精神之上，而普鲁士的黩武主义政治文明可以与一种由经济学和技术激励的文明结成大同盟，那已被预示在关税同盟（Zollverein）之中。中产阶级像 1848 年以来那样，夹在国家的专制主义与第四等级的要求之间，完全丧失自信。在整个西方到处枯萎的文化精神无法在这新建筑物的石制地面扎下深根；而且，在这不定的氛围里，甚于在西方各确立已久的国度，文化衰落必定有更严重的效应。民族性格变粗俗了。1866 年时，这个民族的是非意识被甩入混乱之后，一位魔鬼般的、有魅力的国务家重塑了这性格；在文化斗争（Kultur-kampf）中，它从教会分裂已长久封住其适当进路的宗教深井里被甩回，而且反社会党人法添加了一个冷酷要素。现实政治（Realpolitik）的肆无忌惮的活力取代了已销声匿迹的性格踪影。决意攫取权势和财富，德国人不能同时认识到他们的现实主义政策之内可能之事的限度。确实，他们被突然降临的、他们未能理解的好运搞得头晕目眩。

[221]　　　然而，谁能说俾斯麦没有延缓什么当时未形成的能量骤然爆炸？谁能说什么危险的势力本可能取代普鲁士君主制？他未策划这重新振兴的民族里的活力暴升，那一头冲入文明追求之中。他指引了这费解的冲动，但也抑制它。他大胆迂回，按照需要，驾驭了 1848 年冒出的难题，整理国家大船的风帆应迎暴风；他独自规定了航线。

　　　1871 年后，那航线经严格设计，旨在守成。他结束了动乱时代。他不再玩弄德意志统一王牌；第二帝国心满意足。中欧出现两大强国，1815 年体系由此得到矫正，而未变得过时。他从不过分得以拿破仑三世的方式玩弄霸权要求。合法君主政体不需流光溢彩的冒险。诚然，在他的伟大事业期间，俾斯麦从不惮于使用波拿巴牌号的革命方法。可是，他的目的仍然是保存主要的普鲁士内核，他为保护它免遭大众运动危害而在 1848 年加入竞斗。意识形态情感和理性考虑将俾斯麦保持在一个紧圈内。没有君主政体，没有王家陆军，没有确立不一的社会秩序，他本不能成就任何事情；而且，即使他能，那也不会是他的愿望。第二帝国建立后，俾斯麦的国内维持现状政策与国外守成政策之间有一种紧密联系；事实上，拿破仑三世的这位学生看来时常变得是梅特涅的门徒。

　　弗雷德里克没什么两样，将他生命的最后二十年用于守成。自他那〔222〕时往后有了种种改革。然而，德意志人一直未经历过1789年法国人经历过的那么一场大混乱。甚至在俾斯麦治下，一种稳定感仍然主宰了第二帝国；尽管有急剧的变更，德国社会作为一个整体，没有变得以大革命冲击下法国社会的那种方式流动不定。现代生活在由一个有效性未被损伤的专制军事国家构成的棚架上繁茂兴旺：这是个仅有它的领袖的权威和好运才可以掩盖的悖论。

德国霸权问题；第一次世界大战

我们现在继续前行，去面对一个问题：为什么德国人那么急忙地遗弃在俾斯麦的第二帝国达到的政治存在高地，以继续他们的攀登，力求攀上求霸巅峰？

为找到答案，让我们审视 1871 年以后岁月里到来的转变，它关系到我先前谈论过的三个因素：国外形势；经济文明；精神能量。

第二帝国建立后，民族的精神能量必定历经一个被拉伸到极限的阶段，那有时越过极限，达到过度放纵，连同与之伴随对第二帝国的失落感。一方面，分散的反动分子集合起来，反对年轻的帝国；另一方面，它的进步公民——例如第四等级这最近的发展——也找不到满足。对一个此类的大陆权势国家来说，调整到适合新的社会样式历来总是困难，而对普鲁士—德国这刻板僵硬和专制主义的军国来说，又何等更难得多！

因而，如果说民族能量的压力一度松弛下来，特别在较老的一代人中间，那么一种过度的压力不久便在较年轻一代人中间累积起来。然而，这代人缺乏较老的民族主义运动的理想主义及其丰富的精神和道德

[224]

162

内涵。自此，一向存在的种种物质利益的混合更有力地冲到表面，从而造就我已经提到的、笼罩在年轻的第二帝国之上的新的险恶阴影。

每一种真正的文化都包含有助于使人类心愿平静下来的要素；文明却包含加剧它的刺激剂。文明发展能动力，并且要求扩张。给文明提供了如此沃土的俾斯麦第二帝国无意识地作为一种刺激剂起作用，刺激权势欲望和财富追求，这乃本性使然。一旦资产阶级屈膝膜拜它在政治领域内的对手的成功，它就马上一头扎入经济活动。

直到眼下，这经济文明一直以和风吹拂德意志国家大船的风帆。现在，它风力剧增，以至于可怕。起初，扩张冲动仅旨在撕碎德意志内部的边境网络，渴求一国广大的民族领土。现在，这扩大了的领土变得注满各种猖獗奔放的势力。巨大的人口增长令宰相俾斯麦的保证即德国心满意足成了笑柄。工业化早期阶段给这个农业国带来的经济实力随工业 [225] 化向前推进而使之易受伤害；自给自足被转变成依赖外部原料和市场，新的关税法无法从根上消除这麻烦。在欧陆的狭窄限界内，繁荣本身成了一种危险。

第二帝国建立后，这受限感也在对外事务中愈益可见。既然德国本身已在旧欧陆上步入前列，它设法在圣彼得堡、伦敦和巴黎取得的对它政策的保护就开始减少。

丧失阿尔萨斯—洛林使法国成为第二帝国的一个常在的威胁，正如普鲁士在 18 世纪经征服西里西亚使奥地利成为一个潜伏的敌人。德国支持法国的殖民政策是一帖代价高昂、不可能常用的镇静剂，只带来暂时缓解。德国的移动自由在减小。

英俄敌意提供的缓解颇有疑问。1875 年发生"战争是否指日可待"的插曲，那使三个非德强国联合起来反德，恰如石勒苏益格—荷尔斯泰因问题在 1848 年至 1849 年那样。其时，这竞斗多么快地被撇在一边！独自在彼此竞争的世界强国之间迂回的把戏含有德国彻底孤立的风险。

然而，挑选其中之一等于是沦落一步，全然丧失移动自由。无疑，克里米亚战争中，拿破仑三世能靠站在英国一边去利用英俄敌意；可是，法国并非俄国的邻国。对德国来说，不管胜了沙皇帝国多么光荣，其长远后果将有扰人的含义。相反，选择俄国合作将使德国面对圣彼得堡的傲慢要求，后者不会准备承认柏林是个地位平等的强国。

[226]

问题变得复杂，俄国开始进入在欧活动的一个新阶段，那是自 18 世纪末以来一直未见过的。确实，亚历山大二世没有成功地建立一个健康的现代政权，以此取代他父亲的僵硬得可怕的政权。他的改革太清楚地暴露了社会构造的种种有机欠缺，因而加剧了革命威胁。而且，这形势只是有助于在对外事务领域强化新的行事冲动。从西方滚滚而来的民族主义情感浪潮已抵达俄国。激进的泛斯拉夫主义作为一种酵素起作用。与彼得俄国的旧扩张主义倾向携手合作，它力求在亚得里亚海和波希米亚方向上，重新开始俄国巨人被长久打断的朝欧洲的推进。这些情势下，德国按照旧的保守方针，谨慎地培育与俄国的良好关系，这长期来看将殆无功效。德国在对土战争期间和其后的正确态度有什么用？相反，一直阻碍圣彼得堡与巴黎结盟的意识形态疑虑正在消散。同样，很大程度上，俾斯麦本人已将他的外交去除掉一切意识形态纽带。然而，现在他不能不害怕一件事，即他可能失去作为他的对外政策基本要素的东方支持，并且被夹在总是有似梦魇萦绕着他的钳形围击之中。

与奥地利——衰落着的一个强国——的同盟未提供任何补偿性防御，而且无论如何就它激怒泛斯拉夫主义者而言，它都是个双刃剑。因为，这个同盟不仅剥夺了俄国的传统政策，即利用德意志双强局面，而且损坏了它本身的东南向突进。

[227]

德国与俄国的关系正在变得越来越冷，越来越不确定，与此同时它与英国的关系没有变得足够更暖，足够稳定，以至于提供一个替代。尽管有英国的一切善意，伦敦仍不认为与柏林在平等基础上协作共事是适当的。

所有这些困难的根子，在于一个无法改变的事实，即两个世界强国属于一种与旧欧陆强国不同的规模等级。这就是伤害国际体系的和谐的病恙，而俾斯麦以顽强的精湛技巧反复尝试去拯救这和谐，作为德国安全的先决条件。

因而，没有什么比下面一点更远离他的想法：给国内的过度压力提供一个对外政策安全阀。他早先任职期间的"宏大设计"（grand dessin）无法重演。于是，他在自己心里将缩短航行这阴郁的观念翻转过来。他设想用武力镇压他不再能将之转入对外政策渠道的大众运动，从而好似反过来应用拿破仑三世的恺撒式方略；由于不可能仅凭社会立法就保证和平和秩序，他考虑靠发动一场政变去抢先防止任何革命骚动。

俾斯麦任职经历的终点被险恶的阴影越搞越暗。事态的迅速行进是否已耗竭被 1848 年酵素调动来发挥作用的那些国务家风格的思想——甚至在它们最伟大的倡导者手里耗竭？这位年迈的容克是否缺乏为积极评价某些他陌生的东西——现代生活的种种巨大力量——所需的本能？简言之，他是否缺乏转向新鲜概念的想象力和胆量？ [228]

现在有如先前，显然不可能照旧无为；被迫立定不动的话，马匹便将脱缰。同样不可能用它们在欧洲高政治中冲锋陷阵。然而，难道不能在世界政治场景中做到这一点——如果德国从狭窄舞台步入宽广舞台？君主为首的较年轻一代自信有能力继续腾升；他们对自己能够在世界政治的悬崖峭壁中间穿行不坠毫不怀疑。那一代人听任自己被上涌的浪潮托载升高，而且被浪峰上看去一览无余的灿烂远景搞得心醉神迷。

这些人在交叉路口全不犹豫；他们精神亢奋，活力四射，追随本能，踏上诱人之路，那将以一条意外的便道，引导他们奔向欧洲最后求霸斗争的火海刀山。他们当中有多少人哪怕有一点儿忧惧——在其独特的孤寂中折磨着第二帝国创立者的那种忧惧？然而，他的迂回仍在熟悉的舞台上被贯彻，在德国诸邻的众目睽睽之下。

可是，鉴于已被重构的第二帝国的种种新状况，累积起来的政治经验这资本已变得一钱不值。即使在普鲁士，对外事务方面的遗传智慧也少而又少，更不用说在帝国的其他部分，因而从事着鲁莽冒险的新一代更禁不住低估困难，转到世界舞台上去纵横捭阖的各种困难。然而在那个舞台上，什么本能可被期望去指导这位欧陆人？他，怀着一颗怦怦奔跳的心脏，适才攀登到欧洲生活的一个令人目眩的新高度，而且身体还在摇晃，试图达到平衡。他将如何行使判断力，在那些未知的、本身 [229] 在经历迅速转变的广袤空间？盎格鲁—撒克逊人就这些区域而言驾轻就熟；此乃他们自己的地盘的组成部分。然而，他们的经验和欧陆人大为不同，以致一种完全的双向理解甚至超出颇为杰出的心灵所能。对海岛民族来说，缺乏这种理解并无灾难性后果；几个世纪里，世界史始终令其在均势力量与求霸力量之间的宏大斗争中占上风。相反，大陆人不得不以他们的鲜血和生存去为他们的错误付代价。西班牙和法国的现代史的每一页上都讲这故事，但讲得最清楚的是在俾斯麦之后的德国史录上。这是个可悲的故事，讲欧陆人一贯不能充分认识海岛民族中间陌生和隐秘的力量源泉：一个基本现象，以令人疲惫的周期性，从不同世纪、不同民族和不同个人的斑驳陆离的面具后面反反复复地透露出来，并且屡屡被反映在亿万个方面，每个都有它自身的个别光泽。它使每项历史教训都成为笑柄。生存意志强过智力，是专横的主子，不容忍少年老成的仆人发出任何令人心烦的警告。灾难打击时，这仆人能做的一切是拾起残片。

从腓力二世那时以来，我到此谈论过的所有求霸斗争中的特征要素，是主宰旧欧陆的一个强国与西方海权的一个或数个典型之间的冲撞。一个在拿破仑一世时期出现的次要特色，是称霸的欧陆强国与俄国之间的冲撞。

现在，甚至像俾斯麦一样的人都不得不拿出自己的最后一点治国才能，去驱除与沙皇帝国冲撞的幽灵。然而，直到一种有危险的对英关系 [230] 被添入德国同样脆弱的对俄关系，立足于滑坡上的这个国家才滑向一场求霸大战。当新方针将德国人带上世界政治舞台时，他们发觉自己不管转向哪里，都在与世界强国英国对抗。确实，与英国的冲突自此将给整个新一代德国人盖上烙印。

与法国的长久冲突在塑造现代德国方面那么富有成效，现在却已告终。如果说俾斯麦时代载有该国历史遗产的巨大损失，那么威廉二世治下战线的改变就不能不在阻止其事务的新稳定方面有更大影响。结果自然，德国和德国人的行为举止既苛刻张扬，又摇摆不定。在这方面，年轻君主定节奏。他有一种秉性，使他能够既领导，又误导。面对所有批评，他以自己的方式表现得自信洋溢，而这种自信轻而易举地变得与头脑简单、莽撞发力相连。他再度以大陆权势国家的本性要求的方式，取得了要避免革命动乱就需有的国家领导人主动性。事实上，社会主义危险并未增至爆炸程度。经济繁荣以众多礼物赐福于这个快速成长的国家，其中某些更有价值，甚于由继第二帝国在 1871 年成立而来的、臭名昭著的股票交易投机时期提供的那些。可是，光彩的大厦建在单薄的基础之上，并且伴同一种爱管闲事的世界政策被抵押掉了，而这政策缺乏关于它自身的目的和手段的清晰概念。以大陆人对海洋国家的敏感性 [231] 的典型麻木不仁，还——更特别地——以晚到者的妄自尊大的傲慢，塔楼在越搭越高；与此同时，它正在受限局面产生的愈益增大的压力和紧张之下被匆忙赶造。这些在整个欧洲大陆到处可感的压力，自然在其中心地带最令人惊恐。因而，德国往外冲入世界的努力系由自信与忧虑的一种特有结合决定。

普鲁士—德国至此未在欧陆谋霸；它只追求体系框架内的平等地位。甚至现在，继承英国人的令人嫉妒的海上霸权也远不是它的意中想法。尽管如此，它仍决心加速英国霸权的垮台。这个目的将主要通过一个办法去促进，那就是建造一支能在北海寻求决战的战列舰队；而且，凭其亮相本身，它就能鼓励英国的对手们，将它们全都招入第二帝国外交活动范围之内。经冷酷无情的组织，弗雷德里克·威廉一世依据一个饱受贫穷、人为造作的国家的微薄基础，建设了一支令人敬畏的陆军；在他儿子手上，这工具令普鲁士强行进入了欧洲列强圈。眼下，将在一个新领域重复这实验。老普鲁士军事文明的大胆和谋算精神，加上一个迅速膨胀的经济的同样气质，转身朝海洋迈进。然而，这精神气质依然是十足大陆的，即使在它为一个新战区铸造一类新工具的时候。普鲁士—德国为自己规定了一个任务：壮大得越出欧洲体系，上升到全球体 [232] 系高度。它是否在力图做不可能之事？不管怎么说，问题的要害在于，它计划迂回潜入其中的这么一个新的世界体系是否正在实际形成。诚然，我们的所有的一个个政治愚蠢行为，不管它们合起来如何壮观，并不一定能阻止我们突入世界，只要两件事被证明合理正当，那就是我们关于世界场景上初始的事态发展的基本观念，还有我们对那将载着我们朝目标迈进的潮流所怀抱的信心。

许多事态——有似在潮流表面——趋于增进我们的信心。首先有美国在内战废墟被清除以后的新迈进，那是个令英国困窘却有益于德国统一的进程。接着还有例如 1895 年俄国、法国和德意志帝国在远东的联合干涉，它显示大陆列强之间那类正确的合作为绕过英国提供了机会，以便在世界舞台上采取有效行动。1905 年，日本对俄胜利虽然起初本可以服务于日本的盟国英国的目的，却再度增多了世界各支力量互动中可能的组合种类，而且还使中国在将来某个时候的崛起成为一个并非全然不可能的前景。还颇可设想，某些拉丁美洲国家将变得足够巩固和强劲，以致能实行独立的政策。最后，英国人能否长期保持其杂种帝国完整合一？尽管新帝国主义者们竭尽匆忙去扩展英国殖民地，从而抢先于正在紧随其后的竞争者，但它本身的经济威望和海洋威名正在经过其维多利亚时期的巅峰而即将下落。我们德国人有理由认为，随世界状况变得愈益复杂和不那么稳定，我们能够用自己年轻和有规制的实力去利 [233] 用英国权势的初始衰落，其方式与普鲁士利用了奥地利和法国的衰落一样。

然而，往下在深处，潮流有了一种令德国的希望破灭的倾向。今天，我们认识到，我们本能地在欧洲体系与世界体系之间做的那些类比是个错误，那些类比曾助长了希望。在所有先前的求霸斗争中，主要经新力量从旧西方以外侵入，将欧洲大半岛统一成单独一个国家的企图历来注定失败。西方是个开放的区域。然而，全球不是，并且由于这同一个原因，最终注定要统一而非分裂，除非伴有征服距离的文明进步放慢下来或陷于停滞。在那种情况下，分裂趋向也可能在全球框架内得胜。然而，如果它速度加快，那么统一进程必定也会增进。而且，这进程本身在两次世界大战中被清楚地反映出来。

对德国来说是灾难性的深水潮流，起初涌动得对英国有利，并在一定程度上补偿了它从幸运顶点的缓慢下落。俄国和美国，其他两个世界强国，成为英国的盟友；它们三个毕竟全都利在阻止新的世界强国崛起于欧洲或亚洲。因而，英国不仅能像它在反拿破仑一世的战争中那样，将它的俄国竞争者拉到它一边，还将它的美利坚女儿国争取过来。它在一种世界范围的规模上，重建了早先几世纪里反对旧欧陆霸国的大联盟。

照此看去，第一次世界大战的前史结晶为一个清晰的模式。英国在 [234] 世纪之交的政策仍展现出一幅自相矛盾的松软的分水墩图景。英国仍疑虑是要继续将其精力投入与俄国的世界性竞争，还是要优先对付先于那遥远和长期的、近旁尖锐的德国危险。它试探了一种可能性，即通过与第二帝国交好防止德国威胁，并且从而取得支持去反对它的俄国对手。

可是，英国的试探因为我们骄傲而被拒斥；我们不希望被诱至没有好处的二等地位，相信英俄敌意将照旧是世界体系中的一个基本要素。我们自知我们不在追求霸权，因而我们从未想到英国可能迫使我们投入一场求霸战争。我们没有停下来想一想，英国遵循一百年前用过的步骤，可以暂时与俄国抱成一团，将我们当作共同敌人去反对，甚至将对其他国家的反感从属于这新的首屈一指的考虑。

到头来，英国下定决心，将德国视为头号敌人，16 世纪西班牙或17、18 和 19 世纪法国那类对手——换言之一个追求霸权的强国。英国感到在其强国阵位的核心地带遭受威胁，其程度不亚于以前，即使德国实际上被禁闭，没有可与法国、更不用说与西班牙相比的海洋区域。事实上，是德国建造图谋在英国近岸海域决战的战列舰队，构成一个对英国的海岛实力的直接威胁。德国的繁荣使之能着手从事一场惊人的军备竞赛。不仅如此，德国之跃入近东更令人不安地压迫英帝国的主动脉，因为不像拿破仑一世治下的法国，第二帝国毋需提出海路声索；跨越巴尔干和土耳其提供的陆桥，德国能使用欧陆权势资源去使它的势力在外部世界显著可感。随旧日哈布斯堡家族东南向突进重演，德国的径直截断英国利益的殖民冲动——如好望角至开罗线代表的——实属次要。

[235]

现在，英国外交开始采取对德预防措施，依凭在该国早先历次对霸权追求国的斗争中取得的一切智慧。英国编织了一张友好关系网，那必将围着它的对手收紧，如果后者继续实行其当前方针的话。然而，这些友好关系也终止了它的光辉孤立，连同它那骄傲的免于羁绊的自由。

英法协约是前奏。它经顺利谈判而来。随拿破仑垮台，法国不再是个争霸较量中要对付的对手，从而可以对它做大让步，特别是因为它刚刚在法绍达危机中做了退让。

较难的任务是为英俄协约奠定基础，由此给新的联盟阵线提供一个强有力的东翼。对英国来说，因为害怕德国而对它的世界性竞争对手做出让步，可能证明等于是与魔王携手驱除妖怪。为与俄国达成一项谅解，英国国务家们不得不在深渊之间走钢索。然而对他们来说，这项技艺表演被其日本盟友的对俄胜利和德国的对土政策搞得比较容易了。俄国在远东的失败减小了对沙皇帝国做让步的风险，该帝国无论如何受革命活动伤害；德国在东方的出现则令两个老竞争对手再次携手合作，正如拿破仑一世或路易·菲利普治下法国的东方政策起了的作用一样。在当时情势下，并肩挫败旧欧陆上一个强国突入世界的任何努力是俄英两国的最紧迫关切。这以后会到来的事情可以留待将来决定。为了确保对两个德意志强国——英国试图撬开它们但属徒劳——作战情况下沙皇的帮助，它进一步冒风险，在近东和巴尔干给俄国难以置信的让步。它牺牲它那么经常地保护但目前正站在德国一边的土耳其，而且慷慨地给俄国人在波斯的一大势力范围，不管由此被设想出来的对印度的威胁。 [236]

一旦英国已争取到东方的世界强国的支持，将二等和三等国家编织进联盟网的任务就差不多是次要的。

总的来说，这些外交行动中没有哪一项超出拿破仑时代里参与国的范围。英国与美国之间不成文的协约却是另一回事。这协约将我先前讲过的深水潮流带到表面。随两个盎格鲁—撒克逊帝国首次联合在三大全球性强国构成的顶级集团内，世界组成为单独一个复合体的趋向达到了对所有分裂趋向的一次经久领先。在此进程中，领导权传给美国。

内战过后，两种可选择的扩张方式对美国敞开。可以恢复就加拿大和西半球其他英属领地与英国的争执，并且将此推至结束，从而相对于 [237]一个能被认作在西半球要对付的、美洲以外的强国而赢得完全的海岛地位。反过来，美国可以与英国联手，而且遵循门罗和坎宁的平行的政策，挡住来自欧洲大陆的、对它们共同的海岛生活的任何威胁。起初，似乎不大可能会遵循第二种方式。在美国，内战期间英国的暧昧态度仍被耿耿于怀。阿拉斯加购买将俄国逐出美洲大陆，可被视为类似的对英处置的一个预备步骤；加拿大现在两边都被美国领土紧抱。

然而，公众舆论深处开始形成一个转变：在亚洲和欧洲面对异己性质的各民族和各强国，这两个国家都逐渐发觉到，对自己来说，它们的天然亲近将比它们的老旧敌意更重要。华盛顿和伦敦的外交家们将这些情感转变为对外政策现实。17世纪里，两个海洋国忘怀彼此竞争，为的是发动共同防御，守护它们的海岛特性，抵御欧陆霸国；因而现在，德国这个欧陆强国的崛起对拉近两个海岛国、使之团结一致贡献不菲。那时，易受伤害的小小荷兰达到了领先于英国的成熟程度，不得不以一种缓慢和有尊严的衰落为代价，去换取与大岛的同盟，后者在转向大洋方面晚于荷兰。现在，小小英伦诸岛与美国大海岛之间的关系将沿颇为[238] 相似的路向发展。随特拉法加海战而来的黄金时代正在接近结束，这是个与无敌舰队败北后荷兰史上那个时期相似的进程。美国大岛的内部构造经内战得以巩固之后，它将扩张性能量转向大洋，正如英伦诸岛在其革命后做的那样。美国人建造了一支舰队，并且取得了附属地。换言之，在为防御目的使用他们的海岛阵位以后，他们现在发现了它的进攻性潜能，而且着手开发之，不久将在这个领域超过英国人。这美国活动背后的驱动力是技术。技术的克服距离之力在旧欧陆上受到严重限制，在新大陆上却使扩张势力如虎添翼。而且，在小小母国与庞大女儿国之间，展示了相似条件的英国白人自治领起了一个桥梁作用。

为得到美国支持，英国付出的代价是对开凿巴拿马运河无动于衷。仅由美国一国建造，它将美国海军重整军备的效率增大一倍（正如就德国海军而言新的基尔运河那样）。美洲大陆的长墙上一扇大门被开通，大西洋海岸的能量经此能够以愈益增大的规模涌出，奔入巨大广袤的太平洋。美国正往一个在该大洋——那里权势地位尚未凝固——的愈益重要的位置腾升时，英国袖手旁观，而这也是它支付的部分代价。两个盎格鲁—撒克逊强国看来开始在它们之间瓜分各大洋；这瓜分将在第一次世界大战后变得显著昭彰。

这方面，意义重要的是美国在朴次茅斯和会上调停时的态度。半个世纪前，它已强行打开西方文明进入日本的门户。现在，俄国战败后，[239]美国关心日本不会从它的胜利中汲取任何可能将它转变成一个潜在威胁的好处；确实，第一次世界大战期间，日本人仍证明没有能力挣脱世界性联盟。因而，三个世界性强国以政策上的团结，就防止任何竞争者突入其紧闭圈子而言的共同利益，也在远东变得昭然可见。

在世界舞台上，同等水准国家的更大多样性仅成端倪之际，这多样性却在第一次世界大战的血腥舞台上再度凸显于欧洲。诚然，旧欧陆仍是这场战争中的事件中心。然而英国，依凭它在处理对美对日关系上的远见，保证了这些海外强国站在它一边参战，并使较宽广舞台上的行动有可能在它指导下，与较狭窄场景里的行动协调起来。

以此方式，而且只是以此方式，德国在四年里被征服。谁会留心估算假如没有美国的援助，这可能要用多长时间？难道这一点未变得一目了然：英国和俄国，两个侧翼强国，不再能及得上它们的拿破仑战争成就？英国的海军霸权尚无法撼动。然而，与它在那场早先斗争中的牺牲相比，这一次它不得不承受的鲜血和财富损失何等远为巨大！事实上，这些损失吮吸掉它的世界地位的根本。不仅如此，不像拿破仑法国，德国掌握前往近东的一条陆上通道。最重要的是，在拿破仑失败之处获得成功，鲁登道夫将俄国踢出战争。给他时间，难道他不能组织起[240]德国在欧陆的霸权，立足于一个比拿破仑更经久更广阔的基础？他可能会这么做到，假如他不被召去面对美国的实力，而美国曾是在1812年威胁英国后方的国家。

虽然力求拿破仑意义上的欧陆霸权的计划远非德国的初衷，但它仍然迫于环境或受诱骗，变得愈益走近这样一个目的。通过占据比利时，它几乎盲人瞎马般地步入了一个致命的区域，那在腓力二世时代以来的所有求霸斗争中都起过致命作用。不延展它的欧洲本垒，德国就无法取得一个从那里变成世界列强之一的基地，无论如何，跻身世界列强依然是该民族最深切的渴望。对"众敌世界"的意外斗争只是加剧了该民族目中无人的自信。它不会满足于一种不牢靠的、在旧的拥挤状况中的欧洲生活。有一种做法未被接受，那就是与胡贝图斯堡和约相比，将它作为一个战胜而无领土扩张的先例，因为在 1763 年弗雷德里克大王虽然同意现存疆界，同时却维持了普鲁士的强国地位。可是，假如除现状外，威廉二世从这场巨大的斗争中一无所获，他就将永久损伤该民族对世界强国地位的激情期盼。早在四十年前，西利就已预言，鉴于世界政治和经济的迅速发展，欧洲大陆国家必将缩小到形同侏儒。德国对此命运有一种预感；在决定性的十字路口上，它以它的所有活力，反抗被逼走入下坡路。它未崩溃，直到美国参战摧毁了取得成功的每一合理希望为止。

[241]

第四次，旧欧洲大陆上的一个霸国被猛地掷入深渊，在未经征服的霸权巅峰已清晰可见之际。而且第四次，任务依然是通过全面和约，保障已被拯救的体系自由。

可叹，1918 年的和约没有为一个像其历次前驱确立的那么长久的秩序奠定基础。这是否仅仅因为内燃机时代里总的高速发展，它将几世纪的变迁压缩为短短几年的？还有其他特殊原因起作用；而且，这些原因与我先前触及过的、第一次世界大战的某些特性密切相连。

如我反复指出的，在其大危机期间，体系的平衡一向总是依靠从旧西方以外新领土运行的对冲力去保持。维持自由权的代价一向总是分裂的欧陆权势衰减，还有它被排除在这些年轻的领土之外。于是，权势缓慢地离开西方心脏地带的一个又一个老牌国家。然而，在第一次世界大战中，这趋向形成了一个史无前例的势头和种种新特色。海外领地的影响不再像先前那样只是间接地、经过作为一个轴心起作用的英国才被感觉到；绕过英国，美国参战赋予这影响一种新的直接性。1815 年时，权势的迁徙依然有利于处于欧洲边缘的英国和俄国；现在，权势腾跃，跨越大洋。以权势衰落为代价换得自由的不仅再度是旧欧陆；这次，不祥的阴影也落下来笼罩俄国，甚至笼罩胜利的英国。因为，尽管有它的宏大的殖民扩张，欧洲均势的维持却不再与英国海洋霸权的巩固相伴而行。它的金融主宰和工业霸权正在消融，而没有这些，占有殖民地必定成为负担。[242]

军事决定已由美国造就，因而新的和平安排要能持久，就只有从美国汲取激励和由美国保障，狭窄舞台和宽广舞台——战争期间起初由英国领导而彼此连接——上面的动作，在和平时期只有美国领导才能依然整合如一。

眼望这目的，美国确实带了一项缔造国联的大计划放到和会桌上。1815 年后，在中欧和东欧有其最深根底的君主主义复辟力图制约各单个国家的自我中心主义，为的是拯救文化，使之免于欧洲体系内部凶残的最终拼杀，那是老旧阶级觉得正在迫近的。现在，将此类制约加诸于各单个国家的努力来自西方，来自盎格鲁—撒克逊民主国家，它们一向总是从自身美德的崇高天界鄙视欧陆尘世的权势斗争。这些努力特别来自美利坚民族国家，在它看来，遥远的欧洲大陆上的外交倾轧和军事冲突不能不显得非常难以理解，甚至有罪。可是，复辟仅限于欧陆，而且既刻板僵硬，又满怀恐惧，而盎格鲁—撒克逊概念却被创设来应用于全球，依据对进步的信心，充满自由的社会演进之海岛精神，同时拒[243] 斥甚至漠视权势国家方略。以此理想主义形态，美国挂帅的盎格鲁—撒克逊世界领导权首次亮相。在欧洲国际体系的婴儿时节，与大陆原则的雄壮显现相比，海洋要素看起来多么有限和次要！现在，这插枝已长成参天大树，倒真的要以它的繁叶遮盖全球。我们德国人大惊失色，开始讨论一种可能性，那就是"盎格鲁—撒克逊统治下的和平"（Pax

Anglosaxonica），作为"罗马统治下的和平"的一个世界范围的当代对应物。突然，全球统一趋向高扬，随时可以将欧洲的各独立民族国家统统聚拢在一面旗帜之下，以一种更大的凝聚力胜过它们的分裂趋向。

然而，没有美国本身的着意干涉，这概念怎么能被搞得更接近实现，即使不真的实现？事实是，美国对突然被提交给它的全球作用缺乏精神准备，拒绝承担，退入它那巨大海岛的"光辉孤立"。甚至在太平洋，它也粗心大意，玩忽自己的利益。罗马同样费了长时间，才明白自己的世界作用的重大意义。

狭窄的舞台被留下，让其自谋办法。它甚至没有保持它的老维度，实际上既被胜利的美国也被战败的俄国遗弃。俄国消逝进一望无际、平淡无奇的广袤旷原，彼得大帝曾从那里突破出来。然而，它依然强得足以保卫它的斯芬克司之谜似的新生活方式，抗御几乎精疲力竭的世界列强那前后不一的要消灭它的企图。

[244] 确实，是针对不成熟的全球形势这复杂纠结的背景，欧洲和平难题被指引去寻求它们的解决。这解决少有可能成熟和持久。它不是靠任何灵活、有远见和世界范围的想象力去塑造。相反，旧欧陆的历经几个世纪演化的权势原理以其所有冷酷再度自我显扬；而且，它的效能由于现代文明置于它掌中的压力工具而剧增。

法国体现了这加剧了的权势原理。随美国和俄国袖手旁观，它发觉自己意外地被甩入领导角色。险些未能规避最终崩溃后，它决心用每一种手段去防止被打倒在地的敌人恢复其优越的活力。在此迟迟之际，此乃"生存抑或毁灭"之例。紧急情况下，法国无法指靠来自世界列强的即时援助。如果法国历史长河要不被截断在一场最后的大灾难中，就必须周密地消除另一场对德战争的危险。

这目的得到一个政策为其效劳，既弘扬民族主义。1815 年以来，它一直优先盘踞在法国政客心中。拿破仑三世治下，它遭遇了灾难。中

176

欧两大国的同盟已证明对法国是危险的。因此，法国的目标是以一个与中小国家的同盟制衡这危险，这些国家已从东方三个旧列强的残骸中浮现出来。用死规矩压制德国和蚕食它的边疆还不够；活生生的反制力，能指靠全天候地跟随法国的天然盟友，须被召来不断监察德国的后方。总的来看，旧制度（ancien régime）下的法国政策历来没有别的目的。

法国的政策是支持民族主义，然而这政策的姗姗来迟的胜利无法遮 ［245］
蔽一个事实：时代变了。在过去的岁月里，法国之鼓励民族主义运动有一种欢欣和对未来怀抱大希望的氛围环抱。现在，法国的处境虽然外表那么骄人，内里却被该国对自身安全的担忧笼罩。

英国如何？ 1815 年时，它持有远见，缓解了战败者的厄运。那时，法国保持为欧洲棋盘上一个必不可少的棋子，特别是作为俄国巨人的一个抗衡者。然而，不存在同样有力的理由去要求宽容处置德国。当时，俄国在图景之外。德国真能被指靠去抗衡俄国？普鲁士权势起源之时它与俄国的紧密联系辩驳这一点。不仅如此，英国早已不再认为法国是个可能再次当真大力追求霸权的国家。没有用德国去制衡法国的必要。因而，年轻的德意志共和国总的来说，只是在看来为保护其资产阶级社会秩序免遭共产主义引诱所需的限度内，才得到英国支持。 ［246］

第二次世界大战

这和平安排于是由互相矛盾的各项妥协构建起来，未造就任何持久的生存模式。

一百年以前，或许仍有可能从地图上抹掉一些国家，同时设置一些新国家。政治激情依然蛰伏。经济状况稳定和强健。在 20 世纪，情况已变得那么不同！东欧各民族中间有那么多交织和重叠，以致新的民族国家缺乏令人信服的边境。民族情感在一处得到满足，在另一处却被践踏；可是在每一处，它们都被点燃和扇旺，以至于成为公然的或有法理掩饰的暴力。接着，还有新边界线的经济后果问题。文明的进展已导致愈益增多的人类大众依赖一部愈益复杂的经济机器顺畅运行。现在，它的运行受阻。各大经济实体被打破，它们的碎片担负种种需要，即代价高昂的行政、升级的军备和经济上的自给。

[247]

如果说新国家——新秩序的得益者——感到这些困难，那么战败了的德国被要求承担的又何等远为更甚！让我们撇开战败的政治效应引发的怨愤。它的经济效应威胁生活本身。德国的 20 世纪通货膨胀比法国的 18 世纪通货膨胀更可怕。割让很可贵的领土，丧失借贷资本、殖民地和世界范围联系，加上梦魇般的赔偿，招致了一种悲惨，其规模之大是早先几个世纪的原始经济模式一向屏蔽掉的。对市场、原料、食物和生活水平的担忧——导致了该国步入世界政治的担忧——在崩溃后转变成了急需。美国贷款可以一度掩饰这些状况，但不能消除它们。因而，感染源累积在中欧和东欧的新组织起来的领土内。政府和各种各样民族实体能否在它们并入病灶以前对付它们？

复原灾难性地受阻于整个欧陆已滑入的境况，相对于欧洲以外领土特别是海外领土的境况。在晚近的斗争中甚于先前任何时候，欧洲国际体系以其重要性的衰减为代价维护其自由，而这衰减在经济上变得一目了然，既经欧洲对美国欠债——战前状况的一项逆转——也经海外工业竞争加剧。这些时常伴有俄国出口倾销。老的大西洋国家仍拥有殖民帝国、丰裕的外资储备和大规模远洋商船队，尚未那么灾难性地感觉到逆向潮流，但中欧并非如此，那是个人口过分稠密、高度工业化但缺乏 ［248］此类"救生带"的区域。理论上，欧洲各国间的合作本能够导致缓解肇始；文明倘若要繁荣，就需愈益宽广的运作空间。可是，合作依然是白日梦。再次得胜的欧陆分裂趋向证明其起码是国际体系的不可磨灭的印记。

20世纪20年代临近结束时，甚至在欧洲以外的白人世界，繁荣图景也黯然失色，更不用说在孤寂之中的俄国。经济文明在世界各处变得那么互相关联，以致一场程度空前的世界范围危机成为可能。这场危机表现了——好比负面地表现了——全球统一趋向。伴随国联的萎缩，没有能采取步骤去抵御危机的全球性组织。或可说，在欧洲与经济需要背向发展着的政治进程同样不能跟上海外世界。失业和商业停滞一国又一国地蔓延。甚至最强有力的国家也不得不照看自己的经济病恙，无力帮助更弱的。

所有这些地区发生的挫折在中欧影响最烈，那是个已经瓦解和处在危险中的区域。当整个机体患病时，它的撕裂发炎的组织怎能痊愈？因而，在意大利和——最重要的——德国，病灶形成，将一种新热病蔓延到全世界。

[249] 悠久的霸权竞逐中的最近浪潮冲进开裂的深壑，随它带下去的是数量多得可怕的受害者，而现在从那里意外地冲来一轮新浪潮，前后相隔不过半代人时间。

中欧不是各种势力聚合起来反对 1919 年现状的唯一地方。俄国和日本也正在发生这情况，而它们是比意大利——更不用说德国——强大得多也更独立的权势构造。可是，这些并非新的世界冲突在其中开始炽燃的地区。

通过加入反德大联盟而联手各世界强国，日本干得成功。现在，它感觉对自己的能力有信心，能够自成为一个世界强国。像德国那样被充满动能以至于爆发程度，日本相信自己能在亚洲尚未权势饱和的辽阔地域取得第二帝国在狭窄的欧洲限界内未能取得的东西。有如 1914 年的德国，日本拥有训练有素的陆海军，它们技术完美，士气高昂。比这更重要的是，它具有宝贵的海岛位置。为何它从未产生过可与威尼斯、荷兰、英国和美国相比的自由海岛特性，哪怕是这特性的一些踪迹？或许是因为这个长久孤寂的海岛帝国从未希望也从未能够承担起两个世界之间的一种大中介作用。

以混合古代东西方文明而神秘莫测的亚洲的日本，准备好随时弹跳，与此同时，进攻性力量总是有限的俄国依然因其崩溃而瘫痪；然而甚于以往任何时候，有一种关于它的无法估算的亚洲特性。挣脱极度痛苦的战败混乱，它在悄悄地发展原初的创造性力量，那在西方观察家看来显得完全陌生；这些力量如到头来证明的，从事了一个为更好的跳跃而退后（Reculer pour mieux sauter）的进程。在这双层成分的希腊化杂[250] 种身上，亚洲特性现在变得更明显，甚于那些面向西方或由西方助长的。然而，西方成分依然不断可见，甚至在某些专门领域被大大加强。

值得回顾的是，布尔什维克革命有其西方先驱，即法国大革命中的恐怖专政。这早先的极权主义制度也使国家和社会转变；它同样熔毁了一切固定的、承继下来的生活方式，并且在这么做时释放出未预想到的能量，去转动勃然复兴的国家机器的大轮。确实，恐怖专政成就了同样的自相矛盾的转变，从经大乱摧毁锈蚀的旧机器到树立一部全新的机器。它也将自己的革命能量集中于一个统治政党，该党与军队和官僚这两个老的权力工具一起，侵入权威中心，成为主宰成分。同样，在那场合，基督教文化精神作为一个障碍，凡在可能之处就被消灭掉，同时一切恐怖和宣传工具被用来拔高一种基于政治和经济的文明。在那场合，外国干涉也被击退。然而，即使我们察觉到这两个大陆权势国家的发展所共有的一个典型要素，而不管它们的革命之间的时光间隔，历史背景也显然完全不同。就俄国，我们不是在谈论一种古老的、有机的文化；那里的生活基于一种较晚近的、混杂的希腊化文明，其特征是经专制主义混合种种异质要素。在俄国的革命进程竭力要返回这熟悉的、简直理所当然的专制主义；在法国，临时凑合出来的极权主义制度只能一小段 [251] 时间维持住自己，而在俄国，极权主义将自己确立得恒久不移——新色彩之下被复兴了的一种老事态。不止一个方面，彼得大帝的工作在一个新颖的发展水平上被重演，依靠他使用过的同一些办法——将最现代的西方技艺嫁接到可塑的东方人类材料上去。对革命的恐惧阻碍了在后继的沙皇们治下去继续彼得的工作，而现在它已与沙皇政体本身一起消失，从而道路得以扫清，以便给俄国巨人新注入能动的活力。

大革命的思想资源强化了这个进程。彼得大帝的体制缺乏力量可与之媲美的思想支持；他是个西方倾向的人，强行剥夺旧俄国的自尊。新俄国自豪地脱离西方，无论它在技术领域可以从西方学到多么多的东西。为加强民族自尊，它使用它自己的办法。新俄国鼓吹狂热，以便填补被驱逐的宗教势力留下的真空，从而将个人作为空前顺从的工具送入国家手中。

国家信条的西方起源与新的自尊全不抵牾。从这信条抽取的实际结论全都服务于加强俄国权势；军事——此前便是核心——连同投射到边境之外的精神，作为她的两大核心得到强化。如果说俄国从前在总体上是古代欧洲的一名学生，那么它现在也有能力教人，并且向它的国外各大追随者群体提供信条和指令。而且，如果说民主国联向被折磨的各民族人民展示出终结凶残的权势斗争的前景，那么布尔什维克世界革命也
[252] 是如此。不仅在西方也在东方，侧重点开始转离支离破碎和饱经打击的旧欧陆，转向文明正在兴旺繁盛的广袤新空间。

20世纪30年代初，俄国的成就确实是个有争议的问题。布尔什维克给自己树立任务，即给冷漠的群众注入活力，并且征服广袤的处女空间，而这是个即使对他们的狂热精力来说也过分巨大的规划。亚洲的广大地区仍在与现代文明血流相连的过程中；而且，当日本冒险跳入满洲时，苏俄仍在按规划大力发展它显然无限的内部潜能。然而，这个政权能够指靠一个事实：在前往其自身领土的欧亚通道里，社会—政治瓦解显象尚未达到顶点。未面临任何外来威胁，这个巨人经得起等待时机。

没有俄国开始攻袭现状的任何危险。日本的行动也是如此。这特权被留给了德国的大动乱。

欧洲的老火山依然那么高耸，以致一场释放其巨大的被压抑能量的喷发必定以猛烈的岩浆流威胁世界远方；远东的松散框架中，没有任何权势转移必定产生任何类似的直接效应。再一次，狭窄舞台上的动作决定宽广舞台上的事态进程。再一次，德国是这动作的运行要素。被封在狭窄舞台的一个狭窄角落，它被一个灰梦萦绕：在正确的领导之下，未经使用的力量储备可能使它有能力突破致命的围困。

[253] 即使在威廉二世之下，信心和忧惧也结合起来，使德国人民认为可

能或必须突破自己的紧身衣。现在，实际凋敝之苦难突出了这一忧惧。苦难不断去扇战败未曾熄灭的信心余烬，直到串出明亮的火焰。

假如魏玛共和国能给大众确保合适的生计手段，那么对消逝了的权势的记忆可以仅限于旧阶级的精英，而且或许将丧失其诱惑力。然而，谁能确信这一点？一个民族不那么容易忘记权势豪饮。甚至无产阶级，曾被纳入有其战友情谊和自我牺牲精神的武装部队，也从中啜饮过美酒。然而无论可能性如何，伴有困惑甚而惊恐的生活苦难彻底毁坏了共和国的国内威望，而后者无法像苏联或法国能够做的那样自夸做了全国性努力。事实上，魏玛共和国那么严重地苦于战败后果，因为它是这战败本身的产儿。

旧阶级被压抑的民族主义开始再度膨胀。所有党派一开始就怀抱了一个想法：利用德国败于民主国家之手去实现大德意志（grossdeutsch）扩张主义渴望，造就前哈布斯堡帝国讲德语的各部分的合并（Anschluss）。然而，在这事态发展中，决定性的因素是德国青年的态度。他们沮丧绝望，社会地位由于通货膨胀而部分地跌落，因而唾弃共和党派，并且事实上拒绝政党制度本身。年轻人不愿等待有限的成就逐渐成熟。从民族希望受挫的角度看待它们，而且眼前是不知何时终止的 [254] 失业幽灵，他们遂不相信这些成就会满足他们。他们不再指望以聚合队列向中间党派——立意保持现存价值的一个运动——靠拢去获救，而是为此逃往极端政党，逃往极权主义，在其中强硬的领导之下的革命锐气将与刻板僵硬的组织相结合。在这方面，他们只是追随现代大陆权势国家的典型本能。这本能在法国大革命危机中首次创造性运作；它最近刚拯救了俄国的自由；它还促成在意大利、西班牙和土耳其确立新秩序。它是在紧张时节力求经过革命去强化旧的、熟悉的权势国家原理的那种本能。

共和国的最后的专制政权那么老迈和无能，且已是魏玛精神的一个可疑的卫士，但仍然身为抵挡极权主义洪流的一道堤坝；可是，它无法依靠其领导人兴登堡的名字唤起的希望去维持控制。

现在的问题在于，两个极端政党中间哪个会有更好的夺权前景。

无疑，共产主义总的来说被认为是将来俄国扩张的领跑者，为一个正在质疑民族国家与其社会结构之存在理由（raison d'être）的进程充当马前卒，依凭挑战这两者能否在其狭窄框架内给大众提供一个可行的未来。换言之，共产主义总的来说被认为是个威胁，从该民族内部威胁其存在。这危险唤起了民族机体的护卫力。它的活力依然未被击灭。它[255]被储存起来，以应最后的召唤。这活力附着于对表明它自身能量的下列任何事物的记忆，并且从中汲取追加精力：人口数字，民族健康与其劳作意愿，它的经济文明的未被摧毁的潜能，还有——最重要的——伟大传统，那将武装部队的老兵们团结起来，并使这些人始终明白尚未耗竭的可能性。对民族主义活动分子来说，战争的结局实属荒谬；他们拒不认识到它只是巩固了先前历次求霸斗争的结果，而且战争的胜负经由旧欧洲主要趋向与新全球趋向的一种混合决定。这些人在普鲁士—德国历史的氛围中生活和行动。他们从不停下来想一想，我们的历史在其中取得了光荣的那个地区一向多么有限，而且那个时期何等众多的特殊环境有利于那番崛起。在一个人那里，理智难以抑制生活意志；在大众中间，要如此又何等困难得多！他们的放肆无羁的生活意志藐视历史教训，何况历史是一部能作多种解释的记录。

不仅如此，伴随俄美两国之撤出世界场景的视野狭窄化使得冲动的乐观主义者更容易误读形势。他们推断，俄国看来垮掉之后，只有法国及其卫星国被留在大陆需要对付——他们作为其劣等活力的对手找到理由去说服他们自己。一切老的欧陆式怨愤，现在被"凡尔赛之耻"毒化，再度冒到前列，而且使这个民族的注意力固定在家门口。

英国如何？难道它不会与一个复兴了的德国——毕竟是个对法对

俄制衡——和解？英国是否事实上依然足够强大，以保持其传统的阻塞立场？

　　一旦德国人闭目不见世界列强抵抗一番新的德国求霸企图的能力和迅捷意愿，他们的想象力就能沉溺在许许多多诱人的思路中，而这些思路经大胆的迂回曲折，会将他们的心灵未能把握的事实撇在一边。又一次，一个松弛了的全球国际体系这海市蜃楼成形了。日本、土耳其和——最重要的——意大利之例证明，勇敢者仍能冲破现状重负，出人意外地向上攀升。普鲁士精神犹如一头身负重伤的狮子，令自己摆脱昏迷而昂首挺立。 ［256］

　　在令人鄙视的共和国审慎试探政策中，有什么去吸引这精神？被该国的惨状惊吓，德国先前的敌人对共和国做些让步，使之能够显示某些成就。然而，大众满怀盲目的激情，不想承认它们。还有，这些成就的大小如何？这是个我们决不能撇开的问题，如果我们要在事后冷静地审视对象。强加给德国的财政责任的实质性废除是否足以消除该国病恙的深刻缘由？实际上，这病恙当然被凡尔赛条约加剧，却并非仅来自该条约。相反，它源于该国对此种失败的意识，源于欧洲的总衰落，那在被称为德国的那个萧条得可怜的地区产生了它的最早灾难性反响。

　　无可否认，"偶然"在危机时期起的作用更明显，甚于在正常时候。然而，希特勒的"偶然"发生还须被视为一场慢性病的急性症状。只有在绝望境况中，一名亡命之徒才能够出人头地。大概希特勒可以被消灭。然而，难道另一个症状而且至少同样急性的症状不会迟早冒到表面，例如与邻国干涉结合的内部混乱？每座桥梁都有其负载极限。倘若超过负载极限，就会出现一道道凶险的裂缝；个别而论，它们可能有"偶然"原因：一处的建筑材料有个缺陷，或另一处的建造掉以轻心。 ［257］

　　希特勒的出现意味着某种事情，它与被蛊惑煽动引入歧途的该国一大部分人想象的大为不同；它远非将治好那慢性病的即愈魔药，而是手术前的麻醉剂。在含糊暧昧的种种保证构成的迷雾笼罩下，行动从国内政治轨道转到对外事务轨道。从法国大革命以来，所有接近恺撒主义的政府都以此方式行事。然而，一个民族的生命本身被赌上实属史无前例。

1914 年以前，德国政策的目标虽然朦胧但是有限；与预料的相反，它们导致了一场求霸之战。这次，它们在独裁者心中完全清楚，并且彻底无限。尽管希特勒可能曾希望以单独几跳接近他的目标，避免另一场世界大战，但他仍一开始就下定决心，不回避很可能推进其目标实现的任何战斗。

因而，德国动员其最后实力储存的时候已经到来，而动员办法是利用对这个欧陆权势国家的行政管理技艺敞开的一切可能性。旧普鲁士的军事和官僚传统被重新振兴，与最现代的革命性方法融为一体。手段的巨大必须与目的的巨大相匹配。当然，这些在一幅遮掩后面被准备齐全。犹如掠食的猛兽蹑足爬向其受害者，它藏起它的利爪，只是在猛扑的时机到来时才使用它们。

[258] 随现代德国史渐近告终，人所熟悉的特色重新出现，虽然被增强到骇人听闻的程度。有如普鲁士的强国地位，俾斯麦的第二帝国是面对欧洲的枪炮造就的，经过顶端的专制领导与下面的驯从奉职相结合，而这两者都是大陆权势国家本身的天然秉性的标志。然而现在，在这危险的临界个案里，这些征象一开始就以最大锐度显著昭彰。它们将决定最后一战的进程。

当一个人在与死亡拼搏时，他的天性中那些为纯生存而战的原始力，以其可怕的力量猛挤上前。它们挤走在较快乐的岁月里平衡它们的较高尚情感。然而，这么做将多么不公平：依照一个人的极度痛苦时刻去判断他的真正品性，将他的全部先前生活解释成一直不过是这些时刻的前奏。将同样不公正的是只强调德国历史的导致其最近阶段的黑暗线路，在这么做时忽视先前时代的和谐特色，亦即只注意它的固有弱点与其危险，而不也同时记得弥补它们的那些健康的反制力。最重要的是，我们决不能只经德国舞台上的事件去解释德国史的最近一幕。无论谁，只有靠设想缩小着的地球上囊括一切的压力变动——那些以如此可怕的效应帮助去扭曲德国史的变动——才能够理解那最近一幕。

在第三帝国内，伟大民族之一，依然勃勃有力和富于生机的一个民族，事实上首次从事一场殊死拼搏。波兰在觉醒过来、怀抱充分的民族意识之前，再度被瓜分。只有古代世界的历史才提供真正的类似。取自较近历史的标准不适于衡量史无前例的事件，虽然它们可以为未来的事件树立先例。 [259]

可以没有先例，但有警告的信号。法国曾是危机中的欧陆权势国家的原型，它在国内将传统生活方式完全熔化于革命坩埚，并且追求在国外的无限极权主义统治。是法国大革命和拿破仑帝国首次创造了主旨、插曲和片断，希特勒政权据此使用一个先进文明的全部工具装备，以猛烈的韵律产出变型。

同样以许多方式，俄国革命代表法国大革命的一个增强版。它将法国的临时凑合出来的措施系统化，使之适合一种不同的文明，并且将它们调换到另一个环境。那里，国内的流动状态使一个衰落中的权势国家能在国外展示惊人的力量；然而，苏联在其巨大的边缘地带安全无虞，没有必要顿时从其成功的防御阵位突破而出，去从事一番求霸努力，更不用说去像希特勒那样为民族生存发动一场战斗。

在意大利的法西斯主义使用基本相似的方法，使劲扭动扳手，要将一个下沉着的强国再度托上高端。可是，该国的状况较易掌控，政权不必诉诸极端，不管是在国内还是——只要意大利能腾出手来——在国外。

西班牙长枪党（Falange）体制甚于任何别的，只是极权主义浪潮的一个支流。有如它的土耳其对应物，它一向规模有限。富有特征的是，这两者成长在早已衰落的权势国家的土地上。

[260]　　第三帝国现在成了一个蓄水池，革命性恺撒主义观念从远近各处涌入其中；它们形成新的融合，并且被加热到沸点。随一年年过去，其中俄国的成分支配了其他——重心转移到西方以外领土的一个征象，与此同时又是个证据，证明那回溯到弗雷德里克·威廉一世和彼得大帝时期的普鲁士事务与俄罗斯事务的多方面混合仍继续下去。然而，现在发生着的事情有一种全新的意义：在最古老的西方土地上，确实是从中骤然冒出，一种政府体制正蓄意发动一场与所有在西方受尊崇的人类个性价值的彻底决裂。而且，背对欧洲文化的灿烂背景，这黑暗的、恐怖主义的文明显得比在一种半亚洲场景的阴暗中更险恶，更罪孽。诚然，甚至在老西方，这个欧陆权势国家几个世纪里也一直以个人的形而上价值为代价去扩展它的影响，起初缓慢地，继而以带有越来越甚的目的性。可是，在德国的最后战斗进程中，这突进被推到先前从未被想象过的一种排他程度。受俄国的事态发展鼓励，这努力在许多方面有过之而无不及。布尔什维主义有如早先的法国大革命，仍能诉诸某些人类理想，而第三帝国却不能。它的"意识形态"只关心德国及其统治帮派的要求，未能产生一种世界性使命的力量。在此，权势赤裸裸地显示出它本身的全部粗鲁原始，剥掉了任何精神伪装；在其自身毁灭的边缘，权势被推至极端形态。

　　必须结合希特勒谋求国外统治的实际上无限的计划，去考察他将德
[261]　国实力动员到极限的方法。在他的书里，他预言能够保护其种族实质的民族将取得对全球的主宰；按照纯逻辑，由这样的拿破仑式冲动引导的政策必定导致一场求霸斗争，亦即导致同时与英国和俄国碰撞。希特勒尝试以他的有限的妙计，在世界列强认识到它们的危险多大以前，暗中损伤它们的实力和士气；可是，尽管有他的一切外交和宣传艺术，他的

这些企图仍然失败了。他想在英国人踌躇之际去打俄国人，在俄国人依旧消极之际去与英国人作战；然而，这两个世界强国越过意识形态鸿沟携起手来。它们的基于共同利益的第一次世界大战同盟翻新重演，而这又是它们在一个世纪以前的同盟的延伸。事实上，这两国的政策的一条基本原则，都是联合起来反对任何显出征象要超过它们的国家。它们的窄圈子容不得经新兴强国进入而扩大，不管是在欧洲还是在亚洲。

到头来，三巨头的团结既战胜了德国，也战胜了日本。德国与东京的同盟虽然延迟但不可能阻止希特勒的崩溃。在旧欧陆上，普鲁士—德国历史已成功地证实一个观念，即一个大胆的领袖可以蹂躏现状，使他的国家攀上高峰；在世界政治框架内，这观念又一次被显示是一道幽幽的鬼火。无论是英雄主义还是罪恶都无法征服相反的潮流，所有要抵达远岸的努力皆证明徒劳无功。它们当中有那么多使人想起早先求霸战争中的努力！有夺取低地国家的旧战役的重演；有被那么经常地策划的在英国登陆的计划；继而，它们失败后，有熟悉的为弥补欧陆扩张而来的突进。有臣服俄国的企图，在打击海岛力量的富有成果的合作已证明 [262] 无法与斯大林携手取得之后，那像它曾经无法与亚历山大一世携手取得一样。还有在南面和东南面朝近东和非洲方向突破包围圈的努力，为的是尽管缺乏海上力量却仍要逃脱欧洲的紧身限界。换言之，世界再次见证一个欧陆强国的拼命努力，要抵消和以谋略胜过其制海权不可撼动的海军强国，办法是延展它自己的大陆阵位。就第三帝国的每一项目的而言，不难从早先的历次大战中提取出一套完整的谱系表。

甚至最近的求霸大战的结局，虽然被悲剧性地加重了，但也显示了它的历次前驱的特色。又一次，欧陆霸国的攻袭在其优势鼎盛时被击退。然而这一次，侵略者为其狂傲（hubris）付出比先前任何时候更高的代价。尽管失败，腓力二世和路易十四仍能在欧陆维持一个相对于海军强国的强有力地位。拿破仑战争的结局迫使战败国跌落到一个低得多的层次，而第一次世界大战的结局更是如此。1945 年时，输者丧失了它们的政治生存，并且眼见它们的物质生存陷于危境。

不止如此。如果我们自问，旧欧陆是否还可能再度产生一次新的求霸斗争，那么我们无法做出一个肯定的回答。当今在我们看来，现代大戏，一直令欧洲——而且最终令世界——气喘吁吁悬念连连的大戏，已经演到剧终。

这变得一清二楚，如果我们在观察这霸国的命运的同时，审视欧洲 [263] 国际体系——任何此类强国的永恒敌手——有何遭遇。无疑，它经历了一次最近的胜利，随它再度帮助阻止它的成员之一窒息其他成员的自由。可是，这胜利令这体系为之丧命，恰如攻袭者德意志帝国用自己的生存换来自己的失败。情况犹如彼此决斗的两个人在同一刻刺穿对方。

我已一次又一次地强调，通过增大对西方和东方年轻的外部领土负债，旧国际体系换得它的自由。欧陆均势得以保存，只是因为来自其边疆外的领土的新制衡砝码能一次又一次地被投入秤盘，抗衡追求霸权的势力。然而，甚至在第一次世界大战中，实际的西方力量与欧陆外来的力量的比例就转变得大有利于后者。在第二次世界大战中，那经前后相继的对外移民离开欧洲的力量——那归功于文明在新领土的广袤空间极迅速扩散而已成长到拥有巨大经济和政治权能的力量——意外返回它们从那里出来的那个区域，正如一道回声返抵其呼喊触发了它的登山者。

众小国构成的旧多元体系被巨大的年轻强国彻底遮蔽，后者是被其召唤来援救它的，因为它比以往任何时候都更少能捍卫自己。法国，几个世纪里一直是欧陆的命运之地，曾那么长时间地挡住德皇的攻击，在希特勒的屠戮面前一击即倒似的土崩瓦解。在飞机引擎时代，英伦海岛堡垒的安全命悬一线。诚然，这个海岛民族再一次以大镇静发挥了它的 [264] 传统作用。但是，假如那伟大的女儿国没有站在它一边开辟阵位，那么它将有何种命运？直到赢得胜利，英国耗竭的程度才变得一目了然。

远甚于第一次世界大战，第二次世界大战啃入了它在世界上的金融和工业地位的骨髓。

美国迈步进来，接管腾下的空位，有如英国自己在荷兰退位时所做的。英国的伟大归功于两个世界之间的伟大中介作用，但这作用消融逝去。海外世界从它的仲裁中自我解放出来。价值巨大的殖民占有从它虚弱的手间滑落。随旧欧陆转入衰微，其命运给这现在看来离它更近了的海岛投下一道深重的阴影。

欧洲各国本身不能决定性地助成自己从德国奴役下解放出来。它们未从这解放汲取任何新的刺激。它们先前是外国军队的一个战场，现在成了外交的一个战场。这次，欧洲国家无法重新树立起它们的自由的体系。它们分裂为两个集团，每个都被指定为巨型世界强国之一的一个势力范围。从 18 世纪以来，就在形成这分为西方范围与东方范围的分裂。但现在它取得了一种新鲜的含义：丧失独立。欧洲火山内向坍塌。

除了英国，没有哪个欧洲国家还继续拥有旧式的充分主权。这可以开启一种限制分裂进程的可能性，但它将在两大世界巨人的要求下并非自愿地受到限制。欧陆的神圣标记（character indelebilis）只是在它的生命力耗尽时才消退。

于是，一直囊括欧洲场景——直到 1945 年为止的世界中心——的 [265] 旧框架在崩解。作为一个强有力的独立主角的表演场地，狭窄的舞台在丧失其压倒性意义，而且在被纳入更宽广的舞台。这两个舞台上，两个世界巨人都在变成主要角色。

一个有希望经久的新模式是否将取代现在破碎着的、其活力经过四个半世纪和六次大危机而生存下来的旧模式？最近的求霸斗争是会造就一种和平安排，有如那些持至且包含维也纳会议在内已协商达成的安排去结束紧张，还是会像 1919 年的条约，至少允许我们去希望有这样的缓和？提出这个问题，就等于给它否定的回答。一个分裂的国际体系一次又一次地返回流动状态。然而，旧的欧洲分裂趋向目前正被新的全球统一趋向撇在旁边。而且，直到它已在我们星球各处张扬其自身为止，这趋向的突进可能不会停下来。

全球秩序仍然看似在经历其出生剧痛。世界仅已抵达被西利预见到的两分状态。此刻，不管它在更遥远的将来可能起什么作用，被翻新了的国联无法有任何作为去改变这状态。因为，在老的欧洲霸权问题最终消失后，较近的全球问题即英俄冲突——当今它是俄国与诸英语国度之间的冲突——自动移入前台。这个问题在 18 世纪初已经可被察觉，从 1815 年起纵贯 19 世纪一直吸引世界的眼球。然而，它未触发被预期的世界构造；在一个广阔和未经组织的世界上，这两大竞争对手仍然找到了足够的余地去扩张。一个饶有活力的欧洲大陆横在它们之间，要求它[266]们不断注意。随德国开始威胁它俩，必然导致它们携手并肩，正如俄国与美国发觉它们自己由于共同抵抗一个崛起着的日本而在亚洲彼此拥抱。当今，这些阻滞因素失去了效力。前一场暴风雨几乎还未停息，新一场就又在集聚。出自文明的距离缩短与时间缩短携手并进；每一种发明都加快事态发展速度。又一次，大陆原理面对海洋原理，两者被精简到本质，同时被增大到全球规模。一边是俄国，早先几世纪里的欧陆大强国的后继者，突破它们的传统而攀升到全球地位；另一边是美国，基于欧洲海洋传统，将自己的势力散布到世界各地。

一种特殊天命使这愈益由单一的族裔血缘支撑的海洋原理能够壮大，从起于青萍之末到当今雄风劲刮。那么经常地粉碎别国在欧洲的统治后，海洋原理现在自己号称要在世界上拥有霸权。可是，在缓解了的政治生存斗争的氛围里，而且尽管有它与一种技术文明的同盟，海洋原理仍没有在失去它的基本要素——自由和柔韧的人类精神。

相反，怎样的一种恶毒的命运扭曲导致大陆原理——在其一切强大的民族国家表现上的大陆原理——遭受一次又一次失败，直到不懈的生存斗争将它锤入一部刻板僵硬、没有个性的国家机器！

　　然而，让我们谨防一种情况：使用这两大原理之间早先冲突的史 [267] 录，去抽取关于任何未来角力的结论。欧洲历史的特殊机制在世界上任何别处无可比配。当今，两大竞斗者面临一类新的危险和希望。让我们首先提防根据此刻正在浮现的事脉去预见未来。让我们不忘在事件的疯狂涌现中，现在令天空灰黑的乌云可能被意外的发展驱散。确实，预言这日益缩小的地球的统一趋向可能得以达到目标的条条道路和小径是荒谬的。只有一事确定无疑：它不会放弃这目标，除非发生奇迹，每个地方的人们都同时经历心灵转换；除非他们离开文明和权势斗争道路，在这条道路上，他们眼下被一种狂暴的生命意愿引诱或鞭笞，正在一头冲向前去，恐惧万分或得意洋洋。

大事记

第一章

国际体系的起源；查理五世

1492 年　攻克格拉纳达，并将摩尔人逐出西班牙。哥伦布首次远航。

1494 年　法王查理八世入侵意大利。法国、西班牙和皇帝开始争夺意大利半岛。

托尔德西拉斯条约。在西班牙与葡萄牙之间划分殖民世界。

1508 年　康布雷联盟。

1517 年　路德反赎罪券的九十五条论纲。

1519 年　查理五世当选皇帝。

1526 年　波希米亚和匈牙利归于哈布斯堡家族统治。

1527 年　洗劫罗马。

1547 年　查理五世在缪尔贝格击败新教徒。

1552 年　萨克森的摩里斯倒戈反对皇帝。

　　　　　法国取得三个主教区梅茨、图勒和凡尔登。

1556 年　哈布斯堡所属分裂为德意志与西班牙两支。

1558 年　查理五世去世。

腓力二世

1554 年　英国天主教徒玛丽嫁给西班牙腓力二世。

1556 年　腓力二世登基。

1558 年　英国伊丽莎白一世登基。

1559 年　卡托—堪布累齐和约；西班牙保有意大利和勃艮第。

1562 年　法国宗教战争爆发。

1566 至 1572 年　教皇庇护五世。反宗教改革处于高潮。

1572 年　尼德兰造反爆发。执政、奥兰治亲王沉默的威廉。

1580 年　葡萄牙并入西班牙。

1584 年　沉默的威廉被谋杀。

1587 年　苏格兰女王玛丽被斩首。

1588 年　西班牙无敌舰队败北。

第二章

国际体系：直至路易十四在 1661 年亲政

1618 年　三十年战争爆发。

1629 年　神圣罗马帝国皇帝权势鼎盛。

1630 年　法国和瑞典开始反制行动。

1640 年　葡萄牙脱离西班牙。

1642 年　英国内战爆发。

1648 年　威斯特伐利亚和约。

1649 年　英国查理一世被处决。克伦威尔。

1652 年　起英国与荷兰之间第一次海军战争。

1654 年　荷兰承认第一次《瀚海条例》。

1660 年　查理二世之下英国王政复辟。

路易十四

1661 年　路易十四亲政。

1667 至 1668 年　路易十四对西属尼德兰发动移归权战争。

1670 年　路易十四与查理二世之间针对荷兰的密约。

1672 至 1678 年　法国对荷兰、西班牙和帝国发动第二场战争。

1672 至 1674 年　英国与荷兰之间第二次海军战争。

1680 至 1682 年　法国在北美的殖民帝国，从魁北克到密西西比河口。

1681 年　斯特拉斯堡被法国兼并。

1683 年　维也纳被土耳其人围困。

1688 年　光荣革命。

1688 至 1697 年　第三场战争（奥格斯堡联盟战争）。

1692 年　法国舰队在拉荷格败北。

1701 至 1714 年　西班牙继承战争。

1710 年　英国主战内阁倒台。

1713 年　法国与海军强国缔结乌特勒支和约。

1714 年　法国与查理六世和神圣罗马帝国缔结拉施塔特和约。

第三章
三大"世界强国"：直至法国大革命

1689 至 1725 年　彼得大帝。

1700 至 1721 年　北方战争。

1700 年　彼得在纳尔瓦被瑞典人击败。

1709 年　彼得在波尔塔瓦击败瑞典人。

1713 至 1740 年　普鲁士的弗雷德里克·威廉一世。

1720 至 1721 年　普鲁士从瑞典攫取西波美拉尼亚。

1722 自 1725 年　彼得对波斯的战争；巴库被俄国兼并。

1733 年　起波兰继承战争。

1735 年　法国兼并洛林成为定局。

1735 至 1736 年　奥地利对土耳其人的倒霉的战争。

1739 至 1741 年　英国在西印度群岛对西班牙的战争。

1740 至 1786 年　弗雷德里克大王。

1740 至 1742 年　第一次西里西亚战争。

1740 至 1748 年　奥地利继承战争。

1744 至 1745 年　第二次西里西亚战争。

1755 年　英国在海上攻击法国。

1756 年　英国与普鲁士在威斯敏斯特缔结中立条约。奥地利与法国缔结凡尔赛条约。

1756 至 1763 年　七年战争，由胡贝图斯堡条约结束。

1762 年　俄国伊丽莎白女皇去世。

　　　　他的后继者彼得三世被谋杀。

1762 至 1796 年　俄国叶卡特琳娜大帝。

1768 至 1774 年　俄土战争。第聂伯河口和克里米亚被俄国兼并。

1772 年　第一次瓜分波兰。

1775 至 1783 年　美国独立战争。

1778 年　法国与美国缔结同盟。

1779 年　奥地利与普鲁士之间短暂的战争，以泰申和约结束。

　　　　西班牙对英宣战。

1780 年　俄国主持的在海上的武装中立联盟。

　　　　英国与荷兰之间爆发战争。

1788 年　俄国与英国和普鲁士的关系恶化。

法国大革命和拿破仑一世

1789 年　法国大革命爆发。

1792 年　法国对奥宣战。

　　　　九月屠杀。

　　　　瓦尔米之战。

　　　　在国外的革命宣传。

1793 年　路易十六被处决。

　　　　英国作为第一次反法同盟的魁首对法宣战。

　　　　第二次瓜分波兰。

1794 年　罗伯斯庇尔垮台。

1795 年　在荷兰的巴达维亚共和国。

　　　　第三次瓜分波兰。

　　　　法国与普鲁士之间的巴塞尔条约。

1796 年　保罗一世继承叶卡特琳娜大帝。

1797 年　法国与奥地利之间的坎波福尔米奥条约。

1798 年　远征埃及。阿布基尔海战。

1798 年　英俄同盟。

1799 年　法国与第二次反法同盟之间爆发战争。

　　　　拿破仑在热月政变中夺得政权。

　　　　俄国退出反法同盟。

1801 年　吕纳维尔条约。

　　　　保罗一世被谋杀。

　　　　纳尔逊在哥本哈根得胜。

1802 年　英法亚眠和约。

1803 年　战争再度爆发。

1804 年　在布洛涅扎营。

1805 年　第三次反法同盟。

　　　　拿破仑在奥斯特利茨得胜。

　　　　他的舰队在特拉法加被摧毁。

1806 年　耶拿战役。

　　　　发动大陆封锁体系。

1807 年　提尔西特条约。

1808 年　在西班牙的反叛。

1812 年　拿破仑对俄战役。

1815 年　维也纳会议。

第四章

矛盾逐步激化，直至 20 世纪初始强国重组为止

1815 年　神圣同盟。

　　　　列强"五强集团"。

1821 年　奥地利在皮埃蒙特和那不勒斯恢复专制统治

1823 年　法国在西班牙恢复专制统治。

1820 年　左右拉丁美洲诸殖民地从其母国分离（智利在 1816 年，阿根廷在 1817 年，巴西在 1822 年，墨西哥在 1823 年，秘鲁在 1824 年）。

1823 年　门罗主义。

1825 年　尼古拉一世继承亚历山大一世为俄国沙皇。

　　　　十二月党人起义。

1828 至 1829 年　俄土战争。

1830 年　法国七月革命。路易·菲利普称为"公民国王"。

　　　　比利时的科堡君主政权。

1830 至 1831 年　波兰革命。

1848 年　法国二月革命。

　　　　在意大利和德意志的革命。

　　　　卡芬雅克将军镇压巴黎工人 6 月起义。

　　　　路易·拿破仑在 12 月当选总统。

1849 年　在俄国帮助下匈牙利革命被镇压。

1850 年　英俄法三国决心维持丹麦国家完整。

　　　　奥尔米茨条约。

1852 年　路易·拿破仑称帝。

1859 年　意大利统一战争。

1861 至 1865 年　美国内战。

1862 至 1867 年　拿破仑三世的墨西哥远征。

1864 年　丹麦对普鲁士和奥地利的战争。

1866 年　普奥战争。

1870 至 1871 年　普法战争。

德国霸权问题；第一次世界大战

1868 年　日本改革时代开始。

1875 年　"战争是否指日可待"插曲。

1877 至 1878 年　俄土战争。

1878 年　柏林会议。

1879 年　德奥同盟缔结。

1881 年　法国在突尼斯立足。

　　　　　三国同盟（奥地利、德国、意大利）。

　　　　　德国的社会立法。

1882 年　英国占领埃及。

1883 年　起德国殖民地。

　　　　　法国在越南东京和马达加斯加立足。

1888 年　威廉二世登基。

1890 年　俾斯麦下台。

1894 年　法俄同盟缔结。

1898 年　法绍达事件；法国对英国退让。

1899 至 1902 年　布尔战争。

1900 年　第二次德国海军法案。

1901 年　英国向德国试探结盟可能性。

1902 年　柏林至巴格达铁路。

1904 年　英法协约达成。

1904 至 1905 年　日俄战争。美国调停缔结朴次茅斯和约。

1907 年　英俄协约达成。

1914 年　两次世界大战时代开始。

索 引

（按汉语拼音字母排列，所附页码为英文译本页码，即本书边码。）

力量和政治赢弱，外部敌人，28，
31—32；1494 年时的法国、英国和
西班牙，28—31；哈布斯堡家族崛
起，34—35；土耳其的作用，40—
41；哈布斯堡家族分为两支，43—
44；反宗教改革和西班牙的崛起，
44—47；英国作为制衡力量崛起，
50，53—55；荷兰崛起，57；西班
牙衰落，60—61；法国崛起，65—
66，67，72—74；英国和荷兰与欧
陆决裂，66；英国作为一个世界强
国，71；荷兰的衰落，71，81；法
国的衰落，82，83，111；在乌特勒
支和约内，84；概论，90；东方大
陆领土的贡献，93—94；权势迁移，
94；俄国崛起，94—99，124；英俄
竞斗，106—107，128，195，226，
235，266；普鲁士的崛起，111—
113；欧陆驻国的拉平，111，113，
114；概论，113—115；权势向新
世界迁徙，118，123，174，242—
243；欧陆上的平衡，120—121；
不可能将海上均势作为欧洲均势
的延伸去维持，123；拿破仑崛起，
141—142；亚眠条约内欧陆均势的
丧失，158；拿破仑一世的衰落，
168—170；复辟时代，184—190；
伊比利亚殖民地分离，191；英美
团结的开端，193—194；拿破仑三
世，203—210；德国崛起，210—
212，229；求霸斗争中富有特征的
要素，230；英国权势鼎盛状态消逝，
233—234，238—239；美国获得领
导权，237；旧西方之外的制衡力量，

242；日本崛起，250；新的德国
求霸努力，256—257；第二次世界
大战是往昔历次企图的一番重复，
262—263；英国衰落，264—265；
两个世界巨人，265—268。又见国
际体系

K

卡托—堪布累齐和约　（Peace of
　　Cateau—Cambrésis），45

坎波福尔米奥条约　（Treaty of
　　Campoformio），149

坎宁（Canning, George），191

康布雷联盟（League of Cambrai），37

科堡君主政体（Coburg monarchy），
　　197

柯尔贝尔　（Colbert, Jean Baptiste），
　　73，76

克里米亚战争（Crimean War），201，
　　204—205

克伦威尔（Cromwell, Oliver）：解决
　　国内问题，58—59，66；英国海上
　　帝国主义的创始人，70

克吕尼改革（Cluny Reform），45

L

兰克（Ranke, Leopold von）：乐观主
　　义和将国家光荣化，7；西方的政
　　治统一和文化统一，7，8—9；对
　　俄国和英国眼光有限，8；欧洲文化，
　　9；历史眼界有限，9—10；对他的
　　看法，10—13

Z